陪孩子長大

36個RAP深度陪伴工具成為更好的父母

張 楊 Maggie ——著

笛藤出版

陪著不等於陪伴，陪伴不等於深度陪伴。本書以深度陪伴 RAP 養育法為主體，圍繞一套完整的養育體系，透過 60 多個真實養育案例和 36 個深度陪伴工具，為父母提供可以實現深度陪伴的完整路徑和具體方法，說明父母用更輕鬆和智慧的方式構建親密牢固的親子關係、培養有內在驅動力的孩子、發展孩子的多元能力。這是一套適合一般的養育邏輯，讓每一位父母都有能力、有時間做好對孩子的深度陪伴。透過深度陪伴，給孩子最需要的愛，同時也讓父母自身得到成長和滋養。

這個世界上幾乎所有的愛都以聚合為目的，只有一種愛以分離為目的，那就是父母對孩子的愛。

——英國心理學家希薇婭·克萊爾

孩子的一切問題，都可以用深度陪伴療癒

我的第一本書《深度陪伴》出版之後，在這五年時間影響了很多家庭，不斷有讀者（主要是媽媽）透過我的書找到我，跟我表達她們的驚喜和感激。有的讀者是在逛書店時偶然翻到了我的書，有的讀者是在機場候機時偶然翻到了我的書，有的讀者是在孩子的才藝班翻到了我的書，有的讀者是在朋友或孩子老師的推薦下讀了我的書，有的讀者是在網路上搜索與陪伴相關的書籍時找到了我的書……。

這些驚喜和感激的背後，是一個個鮮活的小生命在父母愛的滋養下慢慢長大，是一個個焦慮的父母變得越來越從容淡定。

「在我女兒 4 歲左右時，我只顧著自己的感受，不允許孩子成長為她自己，也不願意承認自己是錯的。不管孩子怎麼哭，

我總是認為孩子錯了。堅持踐行深度陪伴之後，才發現自己當初是錯的，後來才逐漸修復了跟孩子的關係。」

「以前我跟大部分媽媽一樣，焦慮、看中分數、情緒不穩定，自從踐行深度陪伴之後，我平和了很多，也自信了很多。有一天跟女兒聊完天後，女兒說，『媽媽我喜歡現在的你，你是身邊的媽媽中最好的媽媽』，那一刻，我覺得好幸福，自己的學習和進步也被孩子看見了。」

「我很幸運，在還沒有生孩子的時候就接觸了深度陪伴這個理念。現在孩子 4 歲，不論是深度陪伴中宣導的玩中學，還是要關注孩子的感受，我都一直堅持在做。即便有時候孩子調皮搗蛋，我忍不住說了孩子幾句，也會馬上覺察，然後補充一句，『媽媽永遠是愛你的』，所以我們家孩子的安全感滿滿的。」

「有一次孩子的英語老師找我，說孩子最近成績下滑得很嚴重，上課不認真聽講，作業完成的品質很不好。我的下意識反應是有一點生氣的，但是想到了深度陪伴，馬上又冷靜下來，重新回到關注孩子的感受上。週末跟孩子一起調整了學習計畫，後來在期末考試中，孩子的英語成績提高了 15 分。」

「有一天 11 歲的女兒跟我說，有個同學的東西壞了，同學冤枉她說是她弄壞的。這些事情若是在以前，她會很生氣、很難接受，但是那天她卻一點都沒生氣！孩子對我說：『媽媽，是你一直學習改變對我的態度，讓我知道自己才是最重要的。我要做自己，不用理會別人的評價。但是，自己做得不恰當的事情就不能這樣想，要把握一個尺度。』第一次被孩子正面肯定，讓我在這具有挑戰、充滿艱辛與喜悅的育兒之路上充滿了動力。」

越來越多家庭的回饋，也驗證了我從一開始就堅信的，孩子的一切問題，都可以用深度陪伴療癒。

在這五年中，我的二寶雄雄也出生了，到現在已經 2 歲多了。老大樂樂也從書中那個喜歡問為什麼、喜歡發脾氣的小寶貝長成了一個大男孩。他每天都會自主閱讀，愛上了科幻寫作、寫詩，喜歡揚琴，喜歡「我的世界」遊戲，也喜歡在爸爸的指導下學習製作自己創作的遊戲，喜歡思考，每天晚上睡前都會跟弟弟說「弟弟我愛你」。

每一天我都在深度陪伴我的兩個孩子長大，每一天我都在深度陪伴很多媽媽們成長，讓她們在被支持和陪伴的環境中變得越來越有育兒智慧，讓她們和她們的孩子都能得到愛的滋養。

父母應該如何陪伴孩子長大

跟很多父母一樣，我曾無數次思考過，我應該如何陪伴我的孩子長大。回想我的童年，父母對我說過最多的話就是「要聽話」，要聽老師的話，要聽父母的話。

雖然我內心是一個「不太聽話」的孩子，但是小時候自己的力量有限，迫於大人的權威，在很多情況下還是不得不聽話。這種不想聽話又不得不聽話的影響就是，積壓了很多負面情緒。升級成孩子媽媽的這十年，我花了非常多的時間去修復我不穩定的內在核心以及不穩定的情緒，才讓自己從內而外長成了一個真正的「成年人」。

所以我絕對不希望自己的孩子重蹈覆轍，在「只能聽話」的家庭氛圍中長大。可是如果我們任由孩子想做什麼就做什麼，

父母又容易走向縱容孩子、溺愛孩子的另一個極端。

　　所以我提出了「陪伴層次模型」：第一個層次是**傳統陪伴**，這個層次的父母會要求孩子聽話；第二個層次是**快樂陪伴**，這個層次的父母為了讓孩子開心滿意，甘願為孩子做任何事情；第三個層次是**深度陪伴**，這個層次的父母既關注孩子的感受，也關注孩子的需求，處於這個陪伴層次的家庭才是對孩子成長最有益的。

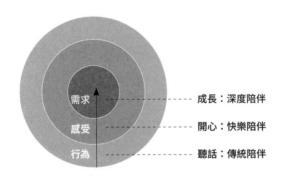

成長：深度陪伴
開心：快樂陪伴
聽話：傳統陪伴

需求
感受
行為

　　有了這個陪伴層次模型，父母可以非常清晰地定位自己當下對孩子的陪伴層次，以及未來希望成長的方向，在陪伴孩子的過程中不容易步入誤區。

　　關於陪伴層次模型，我們在第一章開篇就會詳細講述。

適合家庭深度陪伴的邏輯

　　傳統的親子關係是一種父母強勢、孩子聽話的關係，父母不太重視孩子的感受和需求，而這種傳統陪伴模式又與當前這個時代出生的孩子對尊重和自由表達的需求是相矛盾的，所以

導致大部分孩子的問題都出在親子關係層面。

三年前，有一位媽媽找我諮詢。那時，她的孩子剛上小學一年級，不僅厭學，還在學校調皮搗蛋，讓老師非常頭疼，以至於班主任老師給她下了最後通牒，讓她在一週內帶孩子去醫院做心理疾病檢查，她非常焦急。

我幫助這位媽媽逐步分析，最後我們發現，看似嚴重的厭學情緒背後，藏著孩子渴望媽媽看見「我寫字很累」和「我需要媽媽像關注妹妹那樣關注我」的渴求，以及孩子渴望老師看見「我希望融入班級」的渴求。

在那之前，這位媽媽一直以為孩子的問題在於「做作業拖拉磨蹭」，習慣沒養好，所以不斷地去糾正孩子拖拉磨蹭的問題。方向走偏了，孩子在學校又受到了雙重壓力，最後當然就厭學了。找到了孩子的真正需求，媽媽才知道問題其實出在「媽媽和孩子的關係」以及「老師和孩子的關係」層面，方向對了，剩下的只是時間和方法的問題。

這也是很多家庭中孩子問題的一個縮影。孩子 6 歲以前，大多數家庭的親子關係看起來還是比較和諧的。孩子偶爾有些鬧情緒，父母即使用粗暴的方式處理，表面上看孩子也不會有太大的問題。但是一旦孩子進入小學，家庭和家庭的差距就拉開了。

越來越多的媽媽找我諮詢，孩子不想做作業怎麼辦，做作業拖拖拉拉怎麼辦，孩子厭學怎麼辦，甚至有的孩子出現了抑鬱傾向。在這種情況下，我發現，很多父母居然還繼續用千篇一律的「管教」思路去陪伴孩子成長。

比如，孩子不想做作業，就跟孩子一起設定一個規則，讓

孩子自己說要怎麼做，再配上相應的獎懲機制，如果做到了會給什麼獎勵，沒做到要接受什麼懲罰。

看似好像很民主，都是跟孩子商量好的，也都是讓孩子自己去體驗所謂的「自然結果」，還順便教會了孩子要學會為自己做出的承諾「負責」。但結果卻是，孩子越來越不想跟父母袒露心聲，越來越「叛逆」，越來越「討厭學習」，跟父母越來越「疏遠」。

這些父母其實非常用心，也學習過很多育兒方法，但結果依然是抓狂和迷茫，為什麼？

其實問題就出在陪伴的重點和方向與孩子當下真正需要的陪伴沒匹配上。比如，明明孩子這個階段最需要的是父母的關懷，父母卻繼續給孩子設定規則並且繼續施壓，那麼當然無論父母多麼努力，結果都會南轅北轍。

所以我提出了「**深度陪伴 RAP 養育法**」，它可以幫助父母快速找到孩子當下真正的陪伴需求，從而讓父母在陪伴孩子過程中的每一分努力都能夠真正匹配孩子的需求。R（Relationship）代表親子「**關係**」，A（Aspiration）代表**孩子學習和探索的內在「意願」**，P（Power）代表**孩子需要發展的各項多元「能力」**。本書第二章會對 RAP 養育法進行詳細介紹。

如何提升父母感知孩子需求的敏感度，如何辨別哪些問題是親子關係的問題，如何增強父母和孩子間的連結，親子關係有哪幾個要素，在本書的第三章會有詳細講述。

如何辨別哪些問題是孩子的意願問題，內在驅動力有哪三個重要引擎，如何增強孩子學習的內在驅動力，在本書的第四

章會有詳細講述。

如何辨別哪些問題是孩子的能力問題，提升孩子能力的三大祕訣分別是什麼，如何提升孩子的各項多元能力，在本書的第五章會有詳細講述。

在本書第三章到第五章中，會分享深度陪伴 RAP 養育法的 36 個便捷工具，以及 60 多個真實案例，方便父母拿來就用。

父母現在其實不缺育兒方法，而是缺適合自己孩子的育兒方法。

因為每個孩子都是獨特的個體，每一個育兒場景都是不同家庭文化的縮影。

父母可以把深度陪伴 RAP 養育法想像成一堆樂高顆粒，每一個家庭都可以根據自己的陪伴現狀，去搭建出與自己當下陪伴問題匹配的「樂高」形狀，這就是幫助大家實現深度陪伴的最匹配、最個性化的方案。

父母學會了深度陪伴 RAP 養育法，就能夠具備陪伴孩子成長的整體觀和系統觀。同時，父母在遇到具體的育兒挑戰時，就有能力快速精準地定位當下問題的重點和方向，讓陪伴孩子的行為有方法可尋。

我相信，有了深度陪伴 RAP 養育法這樣一套簡單、容易入門、一般養育邏輯，每一位父母都有能力、有時間做好對孩子的深度陪伴，給予孩子最需要的愛。

現在請跟我一起，開啟深度陪伴之旅吧！

目　錄

R 第三章
關係，構建親密牢固的親子關係

第四章
意願，培養有內在驅動力的孩子

第五章
能力，智慧地發展孩子的多元能力

第一章

深度陪伴，
給孩子最需要的愛

測測看你在哪個陪伴層次
給孩子最需要的愛

測測看你在哪個陪伴層次

◆ 陪伴層次模型

我見過很多父母，明明希望孩子成為一個能獨立思考、有主見的人，但是經常對孩子脫口而出的話卻是「寶寶乖」、「要聽話」。當孩子不聽話時，父母也不知道應該如何才能讓孩子聽話，於是只能採取打罵的方式。

「聽話」這兩個字，彷彿是一個魔咒，一代代傳承下去，以至於有些父母在說這兩個字時，有一種小時候被自己父母教育的熟悉感。

我有一位學員，她有兩個孩子，老大在初一下學期就表現得非常叛逆，實際叛逆到什麼程度呢？不僅父母的話一句都聽不進去，還全力反抗父母，有好幾次還跟爸爸動手了。有一次，媽媽在情緒失控之下打了他，他一氣之下離家出走了，爸爸媽媽怎麼也找不到他。當時這位媽媽特別抓狂，也特別恐慌，這才開始反思究竟是哪裡出了問題。上完我的課之後，這位媽媽

才意識到，孩子的叛逆跟自己經常因為孩子不聽話而打罵他有關。

後來，在我們的課堂體驗時，她也感受到了孩子離家出走時的那種心情，她說：「那個時候，孩子的內心一定特別恐懼。恐懼加上憤怒以及父母對他的不理解，孩子才會憤然離家出走。」接下來，她在我的課堂上一直很努力地踐行深度陪伴的方法，積極修復跟孩子的關係。

有一天，她真誠地問孩子，之前媽媽做過的哪件事情讓他最害怕和恐懼，孩子告訴她，有一次被媽媽打了之後他特別害怕，所以就離家出走了，第二天他一個人走在海邊甚至產生過跳海的念頭。這位媽媽聽完孩子的話，心情非常沉重，也非常後悔，她沒想到以前對孩子的打罵會給孩子的內心造成這麼大的傷害，她對我說：「張楊老師，好在我及時來學習了，要不然我真的無法想像我的孩子現在會是什麼樣子。」

還有一些父母，明明希望孩子成為一個有同理心的人，但是自己對孩子卻又無限「寬容」，甚至連孩子打了自己一巴掌，都捨不得說孩子一句重話，真的是「含在嘴裡怕化了，捧在手裡怕摔了」。然而，父母為了孩子付出一切，換來的可能只是孩子對父母無休止的索取。

有一次我坐計程車，跟司機聊天，司機告訴我，他離婚後，孩子跟了媽媽，他一直有愧疚感，所以孩子要什麼都買給孩子。他覺得既然忙得沒時間陪伴，那就多給錢，多買東西，儘量在物質上去彌補孩子。結果，他的兒子高中畢業卻沒考上大學，

也無心再學習。不僅如此，孩子還眼高手低，給他介紹的工作一個都不想去，差不多處於「啃老」的狀態。自己不去賺錢，但是什麼都要買最好的，手機要買貴的，衣服要買品牌的。然而這位父親還是帶著愧疚感──滿足了。最讓我感到吃驚的是，這位司機跟我說，他經常都是帶幾個乾饅頭啃，自己儘量少花錢，把省下來的錢都給兒子，覺得這是他虧欠孩子的。最後司機還加了一句：「我也知道這樣可能是有問題的，但是沒辦法，誰讓我虧欠孩子呢？」

很多父母跟這位司機一樣，陪伴孩子越少，對孩子的虧欠感就越重；對孩子的虧欠感越重，就越想用金錢和物質來彌補。結果，當然是孩子越大，問題越多。

不論是那位學員對孩子的陪伴模式，還是這位司機對孩子的陪伴模式，所造成的結果都和他們為人父母的初衷背道而馳。

陪伴孩子長大，是父母和孩子彼此滋養的過程，更是父母和孩子各自需求不斷博弈的過程。

人本主義心理學創始人馬斯洛曾提出過一個非常著名的**「需求層次理論」**，在這個理論中，他指出，每個人，不論是成年人還是孩子，不僅有生理需要，也有心理需要，環境必須使這些需求得到很好的滿足，否則，就會出現身心疾患。

十年前，我第一次接觸「需求層次理論」，想起自己童年時期很多內心的糾結，突然就釋然了。

童年的我內心深處一直有一種「父母不愛我」的感受，我在我的第一本書《深度陪伴》裡面講過我童年的一段故事：

小時候我住在父親所在的學校裡面，每天父母都有大量的

時間陪伴我，但是那個時候我的內心卻特別孤獨，因為弟弟的出生，讓我感覺父母不再那麼愛我了。我到現在還清晰地記得，有一次父母帶我去鄉下的爺爺家，我故意跑到爺爺家對面的一個小山坡上躲了起來，然後任我的父母焦急地呼喊我的名字。

每當我出現「父母不愛我，更愛弟弟」的感受時，我都無法接受，所以頭腦裡面會拚命想出各種證據證明他們還是愛我的。

比如，我的母親會在我發燒的時候，給我做一碗熱湯麵，讓我趁熱吃完，出一腦門子的汗，再蓋上被子睡一覺，然後很快就退燒了。

比如，小學二年級時，有一次我在課間玩耍時不小心摔倒了，下巴撞在了一塊鋒利的磚上，鮮血直流，在我痛得要暈過去時，我的父親心急地趕到了學校，抱起我就往醫院跑。

但是每當這些「愛」的證明冒出來時，我的頭腦裡面又會出現各種「不愛」的證明。

比如，寒暑假時，父母會把我一個人送到鄉下的爺爺奶奶家，卻把弟弟留在家裡。等開學後我回到家時，感覺自己就像一個外人，一個客人，弟弟和父母才是那個家的主人。

一邊是「愛」的證明，一邊是「不愛」的證明，小小的我幾乎每一天都會糾結不已，備受折磨。

第一次接觸「需求層次理論」後，這些糾結和折磨一下子就煙消雲散了。原來他們的「愛」是真實的，「不愛」也是真實的。因為他們只是滿足了我的基本生理和生存需要，比如給

我吃飽穿暖，在我受傷時很緊張，第一時間帶我就醫，但是他們沒有意識到我還有更多的精神需要。

在多年後，我已經在探索自我的路上走了很遠才發現，對於我這樣的孩子來說，相比基本的生理和生存需要，精神需要更加重要。

這就是為什麼，當我工作以後，能夠自己照顧好自己的吃穿時，每次跟母親通電話，聽到她只會問「你吃飯沒有」、「最近胖了還是瘦了」時，我心裡就會覺得特別煩，很快就不知道該怎麼聊下去了，於是就只能掛斷電話。因為在我看來，胖了還是瘦了，吃飯沒有，都是不重要、不值得一提的事情，我的心裡真正渴望的是，她能夠關心地問一句「最近工作累不累」、「有沒有遇到什麼困難」。

很多父母可能都跟我有著相似的童年經歷。

因為父母養育我們的方式，大都帶著他們那個年代的局限性，他們不是不愛我們，而是他們誤以為滿足了我們基本的生理和生存需要，就是愛我們了。

所以，我非常強調，**在我們深度陪伴孩子成長的過程中，一定要給孩子他們需要的愛，而不是一廂情願地把我們認為對孩子最好、最重要的東西給他們。**

那怎樣才能給孩子需要的愛呢？
首先，我們要清楚什麼是我們的需求，什麼是孩子的需求。

比如，孩子該回家了，卻還想在外面玩，而父母則希望孩

子聽話，能夠毫無異議地執行自己的指令，便對孩子說：「時間到了，別玩了，趕緊回家。」這時父母對孩子的愛就不是孩子需要的愛。

因為「別玩兒了，趕緊回家」是父母的需求，不是孩子的需求。

這類父母，對孩子的陪伴還停留在傳統的陪伴層次，對孩子最大的期待就是「聽話」。只要孩子聽話，家裡就會一片和諧。但是只要孩子不願意執行父母的指令，或者只要孩子提出任何反駁意見，父母馬上就會用命令、威脅，甚至打罵的方式，強制性地讓孩子去執行自己的指令。哪怕孩子只是口服心不服，也可以讓這類父母的需求得到短暫的滿足。這類父母還可能會透過一些物質獎勵「誘惑」孩子執行自己的指令，這種方式剛開始會立竿見影，時間一長，弊端盡顯。

我把這個陪伴層次叫作**「傳統陪伴」**。

還有一類父母，只要孩子不大發脾氣、不哭鬧，孩子提什麼要求都可以。所以只要孩子一哭，父母就會馬上妥協，「好啦好啦，你說你想玩多久，只要你不哭，媽媽就答應你」。

這類父母，看起來特別愛孩子，好像一直在滿足孩子的需求，只要孩子不哭不鬧，只要孩子開心，甘願為孩子付出一切。但真相是，他們給孩子的也不是孩子需要的愛，他們這樣做其實仍然是在滿足自己的需求。

這類父母的需求就是「孩子要永遠開心」、「孩子不要哭鬧」或者「不能讓我的孩子吃苦」。

我把這個陪伴層次叫作**「快樂陪伴」**。

　　大部分父母陪伴孩子的層次要麼在「傳統陪伴」，要麼在「快樂陪伴」，有些父母還會在這兩個陪伴層次之間來回切換。

　　比如，剛開始是在「傳統陪伴」層次，眼看威脅和吼罵起不了作用，又反過來切換成「快樂陪伴」，開始哄孩子，「好了，好了，媽媽給你買，真是拿你沒辦法」。

　　除了這兩種陪伴層次，還有沒有第三種可能？既關注父母的需求，也關注孩子的需求，既關注孩子的感受，也注重孩子的成長呢？

　　當然有，這就是我宣導的第三種陪伴層次：**深度陪伴**。

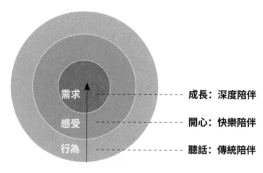

陪伴層次模型

　　在第一個陪伴層次「傳統陪伴」中，父母關注的是孩子的**「行為」**是否符合自己的期待。所以這類父母在跟孩子對話的過程中，經常出現跟行為相關的命令式表達，比如：

　　「趕緊做作業！」
　　「馬上回家！」

「快點兒洗澡！」

「別拖拖拉拉！」

或者經常出現跟行為相關的威脅式表達，比如：

「我數三聲，你再不起來，就打屁股了！」、「我再也不管你了，你愛怎麼樣就怎麼樣。」、「你再這樣，媽媽就不喜歡你了！」、「走不走？不走我走了，那你一個人在這裡！」、「你不吃，那我餵給別的小朋友吃了。」

或者是物質獎勵，比如：

「你趕緊把這碗飯吃完，媽媽就獎勵給你一根棒棒糖。」

「你今天按時把作業做完了，媽媽就獎勵你玩半個小時遊戲。」「這次考試你要是考 100 分，媽媽就獎勵你 100 塊錢。」

如果你平時和孩子對話時，使用的大部分語言都是和行為相關的命令式、威脅式、物質獎勵式表達，那麼你就處於「傳統陪伴」這個層次。

在第二個陪伴層次「快樂陪伴」中，父母關注的是孩子的「感受」。所以這類父母在跟孩子的對話過程中，關注的是如何讓孩子不再受苦、不再哭鬧、不再難過。

比如：

「你放著，別弄髒了衣服，媽媽來做。」

「好好好，別哭了，媽媽買給你。」

「孩子那麼小懂什麼，大了就好了。」

「都怪媽媽不好，媽媽給你買的太小了，媽媽馬上去買個大的給你啊。」

如果你平時跟孩子對話時，只關注孩子的感受，那麼你就處在「快樂陪伴」這個層次。

在第三個陪伴層次「深度陪伴」中，父母會透過孩子的行為去瞭解孩子行為背後的**「感受」**，以及行為背後的**「需求」**，透過適當的引導，幫助孩子有所成長。所以這類父母在跟孩子對話時，經常會出現感受和需求並行的表達，比如：

「媽媽看到你很不開心，你可以告訴媽媽是什麼讓你不開心嗎？」

「媽媽提醒你做作業你非常生氣，媽媽猜你現在還不想做作業，是嗎？」

如果你平時跟孩子對話時，大部分都是感受和需求並行的表達，那麼恭喜你，你已經在踐行「深度陪伴」的路上了，**處於這個陪伴層次的家庭是對孩子的成長最有益的。**

當然，在實際生活中，很多父母會因為外在的壓力、環境等因素在幾個陪伴層次中進行切換。

比如，一位處在「快樂陪伴」層次的媽媽，在家裡很可能成為孩子發洩情緒的物件，以及扮演被孩子「欺負」的角色。

雖然對媽媽來說，她選擇這個陪伴層次是心甘情願的，但是假設她有一位處在「傳統陪伴」層次的丈夫，以及一位處在「傳統陪伴」層次的婆婆，那麼家裡就很容易出現孩子在爸爸和奶奶面前特別聽話，在媽媽面前變本加厲地蠻橫不講理以及哭鬧的情況。久而久之，媽媽的內心很可能出現失衡的狀態，甚至產生自我懷疑，從而被同化，退回到「傳統陪伴」的層次。

同樣，一位處在「深度陪伴」層次的媽媽，在類似的環境中，也可能遇到類似的問題。

曾經有一位媽媽特別迷茫地來上我的課，她說，她一直不喜歡要求孩子聽話的教育方式，所以一直非常尊重孩子，有什麼事情都會跟孩子商量，孩子有負面情緒了，她也會第一時間去安撫和引導。而家裡的爸爸和奶奶對待孩子卻是相反的方式，命令和要求更多。但是，很奇怪，孩子在爸爸和奶奶面前很聽話，也沒什麼負面情緒；可是孩子在她面前，提的要求特別多，負面情緒特別多，哭鬧也特別多，她累的時候，感覺自己都快崩潰了。孩子的爸爸和奶奶都來指責她，說就是因為她太慣著孩子了，孩子才會這樣。她慢慢也覺得好像是這個道理，但是當媽的直覺又告訴她，不應該用那樣的方式去對待孩子，所以她特別迷茫。

學習了「陪伴層次模型」之後，這位媽媽恍然大悟，她的陪伴方向是對的，孩子的行為呈現也是正常的，正因為孩子在

其他家人那裡得不到足夠的情感支援，加上媽媽工作又忙，所以孩子在好不容易抽出時間用心、深度陪伴他的媽媽面前，需求更多、哭鬧更多、負面情緒更多。這恰恰是孩子信任她、願意向她敞開、需要她給予支援和安撫的體現。

所以，當父母掌握了陪伴層次模型，就可以非常清晰地定位自己當下的陪伴狀態，知道自己的陪伴方向對不對，也就不太容易因為孩子的表面行為不符合期待，就變得抓狂或者迷茫，甚至退回到「傳統陪伴」的層次。

陪伴層次模型，就像一個育兒的燈塔，不斷地提醒我們，陪伴孩子的方向在哪裡。有了正確的方向，父母就可以帶著覺知去看，當下陪伴孩子的每一天，是否真的和我們期待的「深度陪伴」層次相匹配。即便不小心走偏了，我們也可以隨時自我矯正，讓自己找回陪伴孩子的初衷。

測測看你處於哪個陪伴層次？

下面一共10道單項選擇題，無論你選擇哪一項答案，得分均為1分。

1. 如果你陪孩子在外面玩，到時間要回家做飯了，可是孩子不想回去，你通常會如何處理？

　A·不管孩子想不想回，哭也好鬧也好，都必須讓他回去，沒得商量。

　B·看到孩子不想回，有時候也拿孩子沒辦法，只好繼續陪孩子玩，直到他玩夠為止。

　C·先安撫孩子的情緒，可以適當再滿足孩子5～10分鐘，然後用遊戲等方式引導孩子回去。

2. 如果孩子在家裡發脾氣亂扔東西，把東西摔壞了，你通常會如何處理？

　A·特別生氣，會吼孩子，甚至有時候會忍不住把孩子打一頓。

　B·雖然東西壞了，只要孩子開心，沒有傷到孩子，就隨便他。

　C·先安撫孩子的情緒，再引導孩子認識到他的行為是不妥的，最後教會孩子正確處理情緒的方法，再一起把壞掉的東西收拾好或者看看能不能修好。

3. 孩子在商場或超市想買一樣東西，你沒有答應，他就在公共場合躺在地上打滾兒、哭鬧，你通常會如何處理？

　A·命令孩子起來，數「1，2，3」，如果再不起來就打屁股，或者轉身離開，不理孩子，讓他因為害怕父母走而選擇自己起來。

　B·趕緊去哄孩子，答應給孩子買。

　C·說出孩子的感受和需求，安撫孩子的情緒，如果孩子還是不願意起來，就在旁邊陪著孩子，給孩子安全感，直到他自己情緒慢慢平復。

4. 孩子該吃飯的時候不好好吃飯，只想吃零食，你會怎麼做？

　A・不吃就不吃，直接把碗筷收走，看他餓了吃不吃；或者不管孩子吃
　　　不吃繼續強行餵飯；或者給孩子看一個不吃飯就挨打的影片，殺雞
　　　儆猴。

　B・孩子想吃零食就讓他吃，只要孩子吃，總比不吃好，不要委屈了孩
　　　子。

　C・看看孩子是為什麼不吃，是不餓還是想吃零食。如果是不餓，那就
　　　尊重孩子，告訴孩子媽媽會把飯溫著，餓了再找媽媽；如果是要吃
　　　零食，就告訴孩子吃飯的時候不可以吃零食，吃完飯下午餓了可以
　　　適當吃一點健康的小零食。

5. 如果孩子做作業時總是拖拉磨蹭，你會怎麼做？

　A・告訴孩子在規定時間內做不完就別想吃飯、睡覺；或者坐在孩子旁
　　　邊監督，催促孩子在規定時間內完成。

　B・作業拖拖拉拉沒做完沒關係，不能影響孩子吃飯、睡覺，第二天幫
　　　孩子跟老師解釋，不讓孩子受罰。

　C・先跟孩子聊一下，看看是什麼原因，如果需要幫助，就給孩子提供
　　　支援，如果是之前跟孩子相處的方式有問題，就調整相處方式。拖
　　　拉本身不是問題，找不到原因才是問題。

6. 如果孩子期末考試成績不及格，你會怎麼做？

　A・把孩子狠狠罵一頓，說他這個學期的書白讀了，太讓父母失望了。

　B・跟孩子說話時，全家人都小心翼翼，不斷安慰孩子，成績不重要，
　　　生怕孩子心理承受不了，想不開。

　C・先肯定孩子這個學期的努力，然後告訴孩子每一次考試不論成績好
　　　壞，都是一次成長的契機，要抓住這次契機成長。

7. 如果孩子跟小朋友一起玩時，被其他小孩子打了，你會怎麼處理？

　A・告訴孩子，明天必須打回來；或者指責孩子是不是先惹了人家，不
　　　然別人怎麼「不打其他人就打你」。

B·自己的孩子可不能這樣被別人欺負，氣勢洶洶地帶著孩子去找對方家長理論。

C·先安撫孩子，瞭解孩子的感受和事情的原委。如果是對方有錯在先，孩子也沒怎麼傷到，會以孩子的感受為主，看看他介不介意。如果孩子覺得沒關係，就尊重孩子，不再干預，但會教他如何保護自己的安全。

8. 如果孩子的班主任反應孩子最近在學校聽講不太認真，上課還聊天，學習成績也下降了，你會如何處理？

A·感覺很丟臉，質問孩子是怎麼回事，把孩子狠狠批評一頓，甚至揍一頓。

B·趕緊跟老師賠禮道歉，把責任都推到自己身上，免得影響老師對孩子的印象，同時不讓孩子知道老師對他的評價，再悄悄找人給孩子補課。

C·跟老師說等孩子回來會跟孩子溝通看看是怎麼回事，找到原因後，也會回饋給老師，一起幫助孩子成長。等孩子回來，先不告訴孩子老師的評價，聽聽孩子是怎麼想的，看看孩子對自己的認知與老師的評價是否有差距，再看下一步如何幫助孩子。

9. 如果孩子對什麼都感興趣，很多才藝班都想學，但是時間又有點不夠，你會怎麼處理？

A·幫孩子從中挑選2～3個才藝班。

B·既然孩子都喜歡，經濟條件允許就都報，什麼時候有時間就什麼時候學，上不完也沒關係，孩子的興趣和開心比金錢更重要。

C·多觀察，多跟孩子溝通，看看孩子到底是真的感興趣，還是受到了其他小朋友的影響，然後結合孩子的天賦、優勢以及可用時間，跟孩子商量後，保留幾個興趣班。

10. 孩子突然不想上學了，你會怎麼處理？

A·告訴孩子，想都不要想；或者告訴孩子上學的重要性，說服孩子。如果孩子說怎麼努力都被老師批評，會告訴孩子老師批評他是為了他好，必須上學。

B・有種無力感和深深的自責感，覺得自己沒有盡到父母的責任；看看有沒有使學習更開心的學校或者安親班，給孩子換一所學校。

C・瞭解孩子不想上學背後的原因，理解孩子的感受，允許孩子在家休息幾天，陪伴孩子恢復上學的內在驅動力。

完成後統計一下，ＡＢＣ三個選項分別得多少分。如果 A 選項得分最高，那麼說明你處於傳統陪伴層次；如果 B 選項得分最高，那麼說明你處於快樂陪伴層次；如果 C 選項得分最高，那麼說明你處於深度陪伴層次。

◆ 深度陪伴，既要快樂也要成長

深度陪伴，既關注孩子的感受，也關注孩子的需求；既要快樂，也要成長。是的，魚和熊掌是可以兼得的。

關於「快樂教育」，我見過一些「混淆視聽」的論調，比如，「快樂教育」就是讓孩子整天玩，想做什麼就做什麼；「快樂教育」就是不讓孩子累，不強求孩子做作業，也不用給孩子報才藝班，孩子考班級倒數第一名也無所謂，快樂就好。

這是很大的誤區。

當有人這樣去理解「快樂教育」時，其實他對陪伴孩子的認知還停留在「快樂陪伴」的層次。

其實，真正的快樂教育，並不是指孩子每天都要開開心心的，而是指孩子做一件事情是源自他的內在驅動力，而不是外在的強迫和要求，因此再苦再累，孩子都會帶著一顆快樂的心

去面對。

你可能會好奇，那為什麼「快樂陪伴」不是我們陪伴的終極目標，而「深度陪伴」才是？

這是因為，光是快樂，不足以支撐一個孩子的人生。

「積極心理學之父」馬丁·塞利格曼在《持續的幸福》一書裡提出了幸福 2.0 的定義。他說**實現幸福人生應該具備五個元素，分別是積極的情緒、投入、良好的人際關係、做事的意義和目的、成就感。**

任何一個孩子，如果只有積極的情緒，但是缺少另外四個因素，他也很難感受到幸福。

比如，有很多非常富裕的家庭，父母做生意賺了很多錢，孩子要什麼就買什麼，對孩子沒有任何要求和期待，只要他開心就好，但孩子卻感受不到幸福。

每個人生下來都有兩大需求——價值感和歸屬感。

如果一個孩子需要什麼，父母就全部都滿足他或者代替他做了，孩子剛開始可能會很享受，但是隨著長大，他會發現，自己什麼都不會，他的內心其實是會感到挫敗和自卑的。

所以當我們觀察 1 歲多的小寶寶時，會發現，明明被大人餵飯很舒服、很享受，張開嘴就能吃到，但是小寶寶卻偏要去搶大人手上的勺子，嘗試自己去舀碗裡的飯菜，哪怕舀了半天什麼都沒舀到，還弄得滿臉都是，也樂此不疲。

這就是人的本性，渴望透過自己的努力去有所成長，這個過程就是價值感的體現。

　　之所以很多小學生的父母會面臨「一寫作業雞飛狗跳」的問題，就是因為父母太著急，總是想直接告訴孩子要怎麼做。孩子稍微慢了半拍，或者沒做好，就趕緊去提醒、糾正，甚至坐在孩子身邊，從頭到尾全程監督。這種做法剝奪了孩子自己透過努力反覆嘗試、改進，最終找到做作業的節奏、從中感受價值感的機會。

　　所以，**深度陪伴孩子的過程，其實就是把每一天的陪伴、每一個育兒挑戰，都看作有利於孩子成長的契機**。當我們帶著這樣的心態去陪伴孩子時，就能夠慢慢放下對結果的要求，思考自己怎麼做才能讓孩子體會到成長的感覺。

　　我記得有一次假期，樂樂忘記寫一部分語文作業，於是在假期最後一天補作業。做著做著，他就開始發脾氣了，一問他，原來是因為補作業有些著急，又遇到了難題。

　　假設我是一位處於「傳統陪伴」層次的父母，我會怎麼跟樂樂溝通呢？我可能會說：

　　「發脾氣能解決問題嗎？不會做就想辦法或者問人啊，你又不是三歲小孩了！我早就提醒過你先做完作業再安安心心過假期，自己忘記了寫作業，現在趕作業又著急，這還不是你自找的？早點兒聽媽媽的話就不會出現這種情況了。」

　　「傳統陪伴」層次的父母想讓孩子按照他們的期待去做，特別喜歡跟孩子講道理，他們說的每一句話都指向「你要聽話」、「爸爸媽媽是對的」。

假設我是一位處於「快樂陪伴」層次的父母，我會怎麼跟樂樂溝通呢？我可能會說：

「都怪媽媽忘記提醒你了，不著急啊，媽媽現在告訴你答案。」

「快樂陪伴」層次的父母非常重視孩子的感受，不願意看到孩子有任何負面情緒，所以寧願自己去幫孩子承擔責任，也不願意看到孩子不開心。

因為我對自己的定位是一位處於「深度陪伴」層次的父母，所以最後我是這麼跟樂樂溝通的：

「樂樂，媽媽知道你很著急，因為你是一個對自己有要求的孩子，我也知道你遇到了難題有些挫敗感，因為你希望自己有能力快速完成作業。我們來看一下你遇到的這個問題。」

我先是理解和安撫了樂樂的情緒，然後一起和他解決遇到的難題。我並沒有直接告訴樂樂答案，而是告訴他這道題的答案可以透過閱讀《孫子兵法》找到。但是我們家並沒有這本書，等樂樂把其他問題都解決了，我給了他一張圖書館的借書證，讓他自己坐公車去離家兩站路的圖書館查閱資料找答案。一個小時後，樂樂帶著他自己挑選的兩本書回到家，他說這兩本書裡面有他想要的答案。

　　在這個過程中，樂樂不僅學會了正確看待自己的情緒，也學會了理解和接納自己的情緒，還學會了透過查閱資料來解決難題。當難題被解決後，他特別有成就感。

　　借由這件事情，他體驗了從「著急、抓狂、挫敗」到「有能力解決問題」的整個過程，下一次再遇到類似的事情，這個成功的體驗會讓他對自己解決問題的能力更加有信心，也就不會那麼容易感到挫敗和著急了。

　　「遇到問題不要著急，要想辦法去解決」，這個道理樂樂早就知道，但是真正讓他印象深刻的，是發生問題之後的體驗。因為再多的大道理，都不如體驗來得深刻。

給孩子最需要的愛

◆ 當經驗不再奏效時，就是父母成長的契機

有一天中午，我哄 1 歲 4 個月的二寶雄雄睡覺。

一般情況下，中午哄雄雄睡覺的流程特別簡單，就是抱著他進房間，拉上窗簾，換上睡袋，放上哄睡的圓舞曲，抱著他輕輕跳舞或者拍拍他，他就睡著了。

但是那天中午情況有些複雜，過程也有些曲折漫長。

當我把換好睡袋的雄雄橫抱著哄睡時，他不停地要起來，一點兒也沒有要睡的跡象。

我以為他還不睏，就把他放下來，讓他在床上玩。

玩了 10 分鐘，還不睡。

我以為他是被環境中的各種物品刺激興奮了，就隨手找了一根新買的資料線給他玩，讓他將注意力從環境中收回來。

玩了 10 分鐘資料線之後，又開始鬧。這次肯定是不睡了。

我很淡定地把他抱起來哄睡，以我之前的經驗，他應該在 5 分鐘內就睡著了，快的話 1 分鐘就可以搞定。

　　誰知道雄雄一直哭一直哭，不要我哄。

　　難道是渴了？

　　我去客廳拿了水杯，遞給他。他喝了一口，繼續大哭。

　　難道是熱了？那一天溫度確實有點高。

　　我幫雄雄把睡袋脫了，他還是哭，而且越哭越大聲。一邊哭，一邊使勁兒揉眼睛，看樣子睏極了。

　　難道是……？

　　我聞了一下他的小屁股，好像有點味道。

　　打開一看，原來是上大號了，難怪睏得不行了，還是哭鬧不睡。

　　便趕緊帶他去廁所。一邊洗屁屁，雄雄一邊安靜地睡著了，我長舒了一口氣。

　　通常，父母都會有自己的育兒經驗和一套固定的流程，以及對孩子確定的期待。

　　就像我哄雄雄睡覺，我也會有我自己的哄睡經驗、哄睡流程，和對雄雄確定的期待。

　　這很正常，畢竟這些經驗、流程、期待在過去都非常有效，甚至百分百有效。直到有一天，事情發生了變化，這些固定的經驗、流程不再奏效了，我們對孩子確定的期待也落空了。

　　我一直認為，**當固定的經驗、流程不再奏效時，父母才真正邁進了成長的大門。**

　　所以不要羨慕別人養小孩養得順風順水，有可能對方連成長的大門都還沒機會邁進去，而你已經搶先邁進去了。

◆ 父母的兩種思維模式

當期待落空時，父母有兩種思維模式：

第一種思維模式是，我的期待落空，應該讓孩子改變來滿足我的期待。

在這種思維模式下，父母會對孩子發脾氣，會想盡一切辦法讓孩子按照自己的期待去做。如果孩子拒不服從，那等來的可能就是升級版的大發雷霆。

這就好比，我去哄雄雄睡覺，如果雄雄哭鬧不睡，那我就強行把他按住，讓他必須睡。不可以哭，如果哭，我就把他的嘴巴封住；也不可以鬧，如果鬧，我就把他的腿綁住不讓他動。

你可能會覺得好笑，哪有父母會這樣對待自己的孩子？

是的，如果這個物件是一個幾個月或者 1 歲多的小寶寶，你會覺得很好笑，因為父母不可能這樣對待一個小寶寶。

但是如果物件是一個 10 歲的孩子，這一幕大家可能就不覺得陌生了。比如，孩子不想做作業，父母就把孩子按在書桌前，讓他馬上做作業。如果孩子大聲抗議，還想繼續玩，父母就會馬上訓斥：「不准想玩的事情，你這個年齡就是學習，現在只能想學習！」如果孩子哭著不願意，父母就會威脅：「你再哭，週末出去玩也取消了！」

這樣的場景是不是就熟悉很多了？其實本質上是一回事。

處在這種思維模式下的父母，有兩種狀態。

一種是不知道孩子為什麼會讓自己的期待落空，病急亂投醫。

比如，孩子剛上小學成績還可以，到了三年級之後成績就

下滑嚴重，越來越差。如果父母不知道原因，就會特別抓狂，病急亂投醫。我見過一位媽媽，因為孩子語文考試不及格，就著急地問我，要不要給孩子報一個上萬塊錢的速讀班。雖然我建議她需要先找到孩子語文成績不好的原因，但是媽媽已經從心裡給孩子下了一個結論，那就是孩子閱讀速度太慢，導致閱讀部分扣分太多。當她認定是這裡出現問題時，就沒辦法沉下心來認真去看事情的真相了，當然也就不可能從根本上去幫助孩子。

還有一種是知道孩子為什麼會讓自己的期待落空，但不去探究孩子行為背後的原因。

比如，孩子偷拿了媽媽的錢去買超人力霸王卡牌。媽媽發現之後，特別震驚，沒想到自己眼中的乖孩子會出現這樣的偷盜行為。媽媽認為這是孩子的品行出了問題，所以需要嚴格管教，便把孩子打了一頓，並警告孩子，如果下次再偷，就送派出所交給員警。但是父母不願意去思考問題的源頭，當然也不可能從根源上去幫助孩子，更不可能徹底解決這個問題，反而會使問題越來越嚴重。當然，我也見過一些父母，會對我說：「我也覺得是我們管教失誤。」看起來好像意識到了自己的問題所在，但在實際處理時，還是會忍不住把孩子打一頓、罵一頓，簡單粗暴地去處理。這樣的父母在潛意識裡面，還是認為期待落空都是孩子的問題，不是自己的問題。

第二種思維模式是，我的期待落空，自己應該做出改變來達成期待。

在這種思維模式下，父母會把時間和注意力放在探尋原因和有效的方法上去解決當下的問題。剛才我描述的哄雄雄睡覺的場景，就是這樣一種思維模式的縮影。

一歲多的孩子不睡覺，無非就是熱了、渴了、拉了、不睏，最多加一條身體不舒服。只要稍微具備一點育兒常識，找到原因很容易。

但也不排除，有些父母連這個常識都不具備，在找到那個原因之前已經耐心耗盡、放棄了。

孩子越大，行為背後的原因越複雜。14 歲的初中生不想學習，背後的原因一定比 7 歲的小學生不想學習的原因複雜。

所以越大的孩子，這個原因找起來會越困難。因為大部分父母被「耐心」和「複雜」這兩座大山擋住了。

這也能理解。因為父母的耐心多被工作、生活壓力、經濟焦慮給消耗殆盡了，再加上從來沒有系統地學習過深度陪伴的方法，所以面對複雜的育兒難題，完全不知道應該從哪裡切入、用哪種方式去找到那個核心的原因。

這就是父母學習的必要性。

不論你過去和現在在職場上多麼成功，那也只能代表你在自己深耕的職業領域有足夠多的常識和積累，在育兒領域，如果不去學習，就永遠毫無經驗的新手。

如果父母的思維模式能達到這個層次，其實已經走在成長的路上了。

處在這種思維模式下的父母，也有兩種狀態。

第一種是找到了孩子行為背後的原因，特別安心地去看書、

上課、找專業的老師學習，讓自己從育兒新手慢慢成長為一位懂孩子的、真正具備「育兒執業能力」的媽媽。

第二種是一時半會兒找不到那個原因，生活就會徹底陷入混亂和迷茫的狀態。

處在第二種狀態中的父母，也許會生氣，但是不會對孩子發脾氣，更多的是生自己的氣。氣自己找不到那個原因，找不到那個解決問題的方法，覺得自己做父母很失敗，因為無力感而生氣。

教育無非就是父母將自己知行合一的人生，毫無保留地展示在孩子面前，任由孩子去決定他要從中學習什麼。

父母沒有能力去控制孩子只能學習自己做得好的方面，不去學習自己做得不好的方面。

這個決定權在孩子手裡。

所以最有保障的教育方式，不是我們去教孩子什麼，而是我們先認清我們自己，看看我們作為孩子的父母要獲得怎樣的成長。

父母期待落空時，永遠有兩種選擇，一種是改變孩子，一種是改變自己，顯然後者會更快地達成自己的期待。

◆ 期待落空的四種父母

透過十年來對深度陪伴的踐行，我總結出了一套「期待落空的四種父母」模型，包括抓狂型父母、霸道型父母、迷茫型

父母和覺醒型父母。

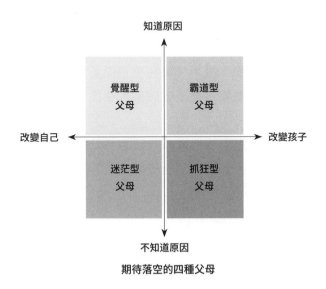

期待落空的四種父母

「**抓狂型父母**」既不知道導致自己期待落空的原因，也不願意透過改變自己來解決問題。這類父母在陪伴孩子的過程中，會像無頭蒼蠅一樣亂撞，問題無法得到解決，自己也會越來越抓狂，這是最糟糕的狀態。

有一個學員媽媽，她家的孩子讀小學一年級，能夠專注學習和做作業 20 分鐘左右。這個表現其實是非常好的，但是媽媽覺得孩子的專注力時長太短，坐不住，便不斷用各種方式要求孩子，自己也很焦慮。後來跟著我學習深度陪伴，她才知道，原來一年級的孩子能夠保持 20 分鐘的專注力已經很不錯了，孩子的表現是正常的，反而是自己的期待太不合理了。她意識

到焦慮的源頭在於自己，而不在於孩子，才慢慢走出了這個狀態。

「霸道型父母」雖然知道導致自己期待落空的原因，但是仍然會要求孩子改變。這類父母在孩子面前會講很多大道理，同時也會非常強硬地要求孩子去做到，在孩子眼裡，父母特別霸道，特別難溝通。

曾經有一位媽媽跟爸爸來找我諮詢孩子的問題，因為孩子的爸爸喜歡打孩子，媽媽希望爸爸聽完我的建議之後能夠改變一下對孩子的陪伴和教養方式。

媽媽分享了一件小事。

有一次，孩子的外婆沒有滿足孩子的某個需求，孩子就打了外婆一下。

爸爸看到之後，直接給了孩子一巴掌。

爸爸聽完我的分析之後，知道了孩子在外婆面前比較霸道，其實是因為外婆對孩子相對比較包容，孩子在外婆面前感覺最安全，更容易釋放自己壓抑的情緒，只不過用錯了方式。但是爸爸依然覺得如果孩子打人就應該用打的方式去告訴孩子，不可以這麼做，要尊敬長輩，必須要制止孩子這樣的行為。

這就是典型的「霸道型父母」。通常霸道型父母最不能忍受孩子的行為，其實也是他們經常對待孩子的行為。

「迷茫型父母」不知道導致自己期待落空的原因是什麼，

但他們非常願意透過自己做出改變來解決問題。可能是因為沒有方向，所以非常迷茫，有心無力。

我的一位學員媽媽說：

「以前我對孩子的想法就是，我是你的媽媽，我經歷的比你多，知道的比你多，我所說、所做的都是對的，都是為你好，可是你怎麼就是聽不進去呢？我要怎麼說你才聽得進去呢？」

學習了深度陪伴之後，這位媽媽才恍然大悟，她所認為的孩子貪玩、調皮、不遵守規則，其實只不過是孩子的天性而已。

然後，她很感慨地說：

「我忽略了孩子的認知還達不到我們大人所期望的層次，很多事情我們大人覺得應該做到，做起來很簡單，但是對孩子來說卻是非常高的要求。我們不能把孩子『禁錮』起來，讓他們丟失了孩子的本性和活力，我們要做的是對他們進行正確的引導，賦予耐心和愛心，始終相信他們」。

所以「迷茫型父母」也是我的學員裡面，最容易成長起來的一個群體，因為這些父母非常願意為了孩子去改變自己，只不過她們缺少一些基本的常識、育兒邏輯以及一些簡單有效的方法。

「覺醒型父母」知道導致自己期待落空的原因，也非常願意透過改變自己來解決問題。這類父母的方向很清晰，只需要一些具體的方法或者路徑的指導，就能很容易做到對孩子的深度陪伴。

有一位媽媽，她的孩子上三年級時，被確診為過動症，簡稱「ADHD」。她知道在課堂上，上一秒老師剛點名提醒孩子

把注意力收回來，下一秒孩子的注意力就又跑了，這個問題不在孩子自己，而是由孩子的生理狀態決定的。她也很想要做些什麼來更好地陪伴孩子長大，但是因為缺少方法和支持，她一度非常苦惱，狀態很差。

但是當我給她一些具體的方法和建議，幫助孩子重新恢復學習的自信，同時又給她介紹了一位對孩子的過動症能發揮很好治療效果的醫生後，她很快就恢復了活力，並且在對孩子的深度陪伴方面做得非常好。

絕大多數父母都是從「霸道型父母」、「抓狂型父母」、「迷茫型父母」開始的，然後成為「覺醒型父母」，最後才邁入深度陪伴的大門，包括我自己。

樂樂上幼稚園的時候，有一個讓我特別抓狂的習慣，就是一邊吃餅乾或者薯片，一邊掉得滿地都是。夏天時節特別容易有蟑螂，看到滿地的食物碎屑，我真的很煩躁。之前我們要求樂樂吃完要自己收拾好，但是大多數時間，他都沒有理會，最後的結果就是爺爺奶奶替他收拾了。

有一天，我決定從「抓狂型父母」往前邁一步，不再要求孩子，而是把這個問題歸因為「是我沒有幫他拆解過收拾食物殘渣的步驟，所以他可能覺得很麻煩或者不知道怎麼才能做好」，所以我應該給孩子提供支援。

於是我很耐心地幫樂樂分解步驟，教樂樂怎麼打掃。

我引導樂樂先從廚房拿一個大木頭盤子，又拿幾張乾淨的紙巾，然後用紙巾把桌上的食物殘渣一點點掃到木頭盤子裡，

再用紙巾把地面上的食物殘渣一點點撿起來。

做完之後，樂樂說：「媽媽，我好累呀。」

但是第二次再遇到這種情況時，樂樂居然自己主動把食物殘渣打掃得乾乾淨淨，然後很有成就感地對我說：「媽媽，你看，我現在很小心，這些碎屑都在桌子上，一點兒都沒有掉到地上。」

具體要如何做，才能讓自己成為「深度陪伴」的父母呢？

比如孩子做作業拖拖拉拉。

如果你是一位**「抓狂型父母」**，可能會先盯著孩子做作業，孩子雖然不敢分心了，但是寫字慢，作業品質又差。當你發現這個方法無效，可能又會嘗試跟孩子說好話，「你快點兒寫，寫完了，媽媽允許你玩半個小時遊戲」。這招可能這一次有用，下一次遇到孩子好多題都不會做時，又沒用了，你就會很抓狂，劈頭蓋臉一頓罵：「你上課幹什麼去了，這麼多不會做！」

這類父母常常覺得自己方法用盡，卻不能解決問題，期待一次次落空，所以越來越抓狂。時間花了，氣也生了，孩子的情緒也受損了，甚至自信心也受損了，雙輸。

其實，這個時候，「抓狂型父母」只需要在頭腦裡面輕輕地調整一個念頭，整個狀態立馬就能得到改觀。什麼念頭呢？就是把「非要孩子改變」調整成「我自己改變」。

那要做出什麼改變，才能讓自己和孩子都更愉快並且都有所成長呢？答案就是，要學習。你不學習又怎麼可能快速找到孩子做作業拖拉磨蹭背後的原因呢？

如果你是一位「霸道型父母」，你可能知道孩子作業拖拖拉拉的背後是對老師課堂上教的內容還不夠熟悉，所以做起來很不熟練，導致很慢；或者孩子放學後想先玩會兒，但是你沒有允許，所以孩子不開心，做作業就沒動力。

但是你仍然覺得，這是孩子的問題。既然不熟練，那就再多來幾張卷子，多做幾題就熟練了。孩子哪兒能要玩就玩，所以你會教育孩子，學生的主業是學習，把學習顧好了再玩，不要整天就想著玩兒，貪玩的孩子以後長大了都沒出息。

這類父母常常覺得孩子故意挑戰自己的權威，所以一定要讓孩子意識到他的錯誤，並且用各種方式讓孩子「就範」，否則自己就沒有盡到做父母的責任。

遇到性格跟父母一樣「霸道」的孩子，就會跟父母正面對抗，造成親子關係斷裂。

其實，這個時候，「霸道型父母」也只需要在頭腦裡面輕輕地調整一個念頭，整個狀態立馬就能得到改觀。什麼念頭呢？就是把「孩子在挑戰我的權威」調整成「孩子需要支援」。

孩子需要怎樣的支援呢？

孩子的大腦發育沒有我們成人這麼成熟，所以他們對這個世界的理解方式和我們的理解方式不一樣；他們能夠理解和認同的道理，也不是我們講給他們聽的那些道理。

孩子不是不願意變得更好，也不是不想變得優秀，他們只是需要我們換一種方式去讓他們理解到，原來自己在課堂上的學習還不夠熟練，或者原來玩的時間太長了會導致作業做不完。

如果我們能夠去學習一些新的方式，讓孩子能夠理解到我

們想要他們理解的，那麼這就是我們作為父母能給孩子的支援。

如果你是一位「迷茫型父母」，你可能完全不知道，孩子為什麼會這麼拖拖拉拉。你甚至擔心孩子作業過多，已經幫孩子做了一部分作業了，孩子為什麼還這麼拖拉？

也許孩子做作業拖拖拉拉，不在於作業過多，而是孩子有挫敗感，或者其他原因。

所以，你只差一步，就能幫助你的孩子了，那就是學習深度陪伴，去瞭解孩子行為背後的根源，然後用愛和支援的方式，透過具體的方法和路徑，去說明你的孩子成長。

如果你是一位「覺醒型父母」，你可能已經非常清楚孩子做作業拖拖拉拉的原因了，比如可能是學習有挫敗感，你也很想做些什麼來讓孩子對作業重新恢復信心。

那麼你只需要翻到本書的第四章，找到改善孩子挫敗感的方法，用這些方法去深度陪伴孩子一段時間，孩子的問題就能得到改善。

總之，不論你是哪種類型的父母，只需要把本書的內容認真讀一遍，就會學到很多的工具和方法，以便分析孩子行為背後的深層原因。本書還提供了很多具體的深度陪伴路徑，說明你透過自己的深度陪伴，讓孩子的行為得到改善。

◆ 成為深度陪伴型父母的成長路徑

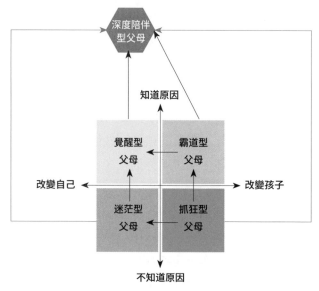

深度陪伴型父母的成長路徑

　　不論你現在處於這張圖的哪個位置，好消息是，你都可以像我一樣，讓自己成為「深度陪伴型父母」。

　　你有好幾種選擇，但是我建議你直接給自己設定「深度陪伴型父母」的目標，找到那條最快的路徑。

　　比如，如果你是「抓狂型父母」，想要用最快的方式做到深度陪伴，只需要按照以下幾個步驟去做：

　　第一步，願意先改變自己，而不是非要改變孩子。

　　第二步，願意為了成為深度陪伴型父母而學習，至少把這本書認真看完，你就會找到讓你期待落空的原因。

　　第三步，多關注孩子行為背後的感受和需求。

　　這也是我寫這本書的目的，希望讓每位父母都可以透過切實可行的路徑和方法，用自己的成長來帶動孩子成長。也讓每位父母都能夠從深度陪伴孩子成長的過程中，去感受成長後的自己是多麼從容、清晰、有力量，在感受愛和給予愛的方面有多大潛能。而且我非常確信，你會更愛那個成長後的自己。

　　父母對孩子的愛分很多種，但只有一種愛對孩子的成長最有益，那就是「孩子需要的愛」。

　　深度陪伴，就是給孩子最需要的愛。

測測看你是哪種類型的父母？

下面一共有10道單項選擇題，無論你選擇哪一項，得分均為1分。

1. 如果孩子成績差，你通常會怎麼做？

　　A・看看周圍的人都是怎麼做的，然後監督孩子學習。

　　B・不知道該怎麼辦，會深深地自責，覺得自己沒有盡到做父母的責任。

　　C・找專業人士或者自己幫孩子分析原因，然後監督孩子學習。

　　D・與孩子一起找到原因，陪伴孩子進步和成長。

2. 孩子偷偷拿了你的錢，你通常會怎麼做？

　　A・把孩子揍一頓或者訓一頓，讓他以後不能再做這樣的事情。

　　B・沒想到孩子會做出這樣的行為，深深地自責，覺得自己沒有盡到做父母的責任。

　　C・經過詢問瞭解到孩子是想買一件渴望已久的東西，但是零用錢不夠，但還是把孩子訓了一頓或者揍一頓，告訴他以後錢不夠就不要買，不准超額消費。

　　D・找到孩子行為背後的心理需求，告訴孩子遇到這種事情的正確處理方式以及爸爸媽媽可以提供的支援。

3. 冬天的某一天，上小學的孩子早上起不來，你通常會怎麼做？

　　A・剛開始溫柔地提醒孩子起床，然後變成催促，最後忍不住吼起來。

　　B・寧願幫孩子穿衣服、餵飯、收拾書包，讓孩子多睡會兒。

　　C・埋怨孩子因為前一晚，做作業拖拖拉拉，早上才起不來，強行讓孩子起床。

　　D・幫助孩子找到晚上做作業拖拖拉拉的原因並陪伴孩子改善；從自己做起，養成早睡早起的習慣；增進親子關係，用早晨美妙的親子時光吸引孩子自願早起。

4. 孩子對奶奶說話很兇，你通常會怎麼做？

　　A・讓孩子跟奶奶道歉，不准再兇奶奶。B・覺得自己沒有把孩子教好。

　　C・雖然孩子辯解說是不喜歡奶奶嘮叨，但仍然強行讓孩子跟奶奶道歉，告訴孩子要尊老愛幼。

　　D・教孩子遇到奶奶叨嘮的情況應該如何跟奶奶溝通，以及如何尋求父母的支持，既尊重了奶奶，又不委屈自己。

5. 如果孩子總是一不如意就哼哼唧唧或者哭鬧，你通常會怎麼做？

　　A・威脅孩子如果不停止哼哼唧唧或者哭鬧，就會……

　　B・有種無力感，不知道為什麼孩子會這樣以及應該怎麼做。

　　C・孩子說他要的東西大人沒有給買，所以才哭鬧，你嚴肅地告訴孩子「不是你想要的東西就一定要買給你」教給孩子延遲滿足的概念。

　　D・教孩子如何跟父母表達自己的需求和感受，並且在生活中示範給孩子看你自己是如何表達需求和感受的。

6. 如果孩子做作業總是拖拖拉拉，你通常會怎麼做？

　　A・要求孩子放學後必須先回家做作業，甚至孩子做作業時會坐在旁邊監督。

　　B・有種無力感，不知道為什麼孩子會這麼拖拖拉拉以及應該怎麼做。

　　C・孩子說想先玩會兒再做作業，不然就無心寫作業，你告訴孩子「學生的任務就是學習」、「先完成作業和興趣班佈置的任務才能玩」。

　　D・願意滿足孩子玩的需求，甚至透過科學的測評工具去瞭解孩子的性格和學習模式，在專業人士的指導下，制訂一套完全符合孩子天性的改善方案。

7. 如果孩子不敢大膽上臺演講或者做分享，你通常會怎麼做？

　　A・給孩子報口才班，鍛鍊孩子的膽量和口才。

　　B・覺得是自己的性格遺傳給了孩子，很自責。

C · 孩子說不想上口才班，你告訴孩子「錢都交了，必須上」，再告訴孩子這項能力的重要性。

D · 會觀察孩子的各項能力水準以及愛好，發現孩子雖然不敢大膽上臺演講或者分享，但是很擅長深度思考，會創造環境以便孩子這項優勢能得到發揮。

8. 如果孩子沉迷手機遊戲，你通常會怎麼做？

A · 嚴格管控家裡的手機和電腦，不准孩子玩。

B · 有種無力感，不知道為什麼孩子會沉迷手機遊戲，深深地自責。

C · 孩子說一個人在家不好玩所以才玩手機和遊戲，你告訴孩子既然有玩遊戲的時間，那就應該有做作業的時間，指責孩子學習不上進。

D · 瞭解孩子沉迷手機遊戲背後的心理需求，陪伴孩子慢慢走出來。

9. 如果孩子愛翹課，你通常會怎麼做？

A · 把孩子批評一頓，告訴孩子上課要認真聽講，跟孩子講學習的重要性。

B · 接到老師回饋時有種緊張感和無力感，不知道為什麼孩子會翹課。

C · 孩子說老師上課教的東西都會了，告訴孩子要虛心，會了也要再復習鞏固。

D · 孩子說老師上課教的東西都會了，你會去掉課前預習環節，保證孩子上課的專心度，並跟孩子的老師溝通孩子的情況，希望老師能夠給孩子安排一些額外的有挑戰性的任務，增強孩子上課的專注度。

10. 孩子突然不想上學，你通常會怎麼做？

A · 告訴孩子，想都不要想，或者告訴孩子上學的重要性。

B · 有種無力感並深深地自責，覺得自己沒有盡到父母的責任。

C · 孩子說不管怎麼努力，老師都會批評，你告訴孩子老師批評他是為了他好，必須要上學。

D · 瞭解孩子不想上學背後的原因，理解孩子的感受，允許孩子在家休息幾天，陪伴孩子恢復上學的內在驅動力。

　　完成後統計一下，ABCD 四個選項分別得多少分。如果 A 選項得分最高，那麼你的測試結果為抓狂型父母；如果 B 選項得分最高，那麼你的測試結果為迷茫型父母；如果 C 選項得分最高，那麼你的測試結果為霸道型父母；如果 D 選項得分最高，那麼你的測試結果為覺醒型父母。

第二章

RAP 養育法，
實現深度陪伴的好幫手

深度陪伴，RAP 三個要素缺一不可
深度陪伴 RAP 養育法，離不開媽媽愛自己
深度陪伴 RAP 養育法，讓孩子的成長沒有天花板

深度陪伴，RAP 三個要素缺一不可

父母的抓狂和迷茫背後

我見過很多父母其實非常用心，甚至也學習過很多育兒知識和方法，但面對孩子出現的問題，依然很抓狂和迷茫，為什麼？

其實問題大都出在陪伴的重點和方向與孩子當下真正需要的陪伴不相同。

比如，明明孩子這個階段最需要的是父母的關懷，父母卻還繼續給孩子設定規則並且繼續施壓，那麼當然無論父母多麼努力，結果都會南轅北轍。

這個世界上沒有最好的父愛或者母愛，最適合孩子當下需求的愛，就是最好的愛。但問題是，怎麼才能快速知道孩子當下需要的愛是哪種愛，如何才能快速找對正確的方向呢？

「深度陪伴 RAP 養育法」可以幫助父母快速找到孩子的陪伴需求。當大家找到了孩子的陪伴需求，自然就會很清楚期待為什麼會落空。

什麼是深度陪伴 RAP 養育法呢？

深度陪伴 RAP 養育法包括三大部分：R 關係、A 意願和 P 能力。

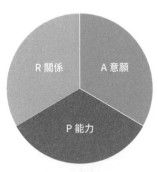

深度陪伴 RAP 養育法組成部分

R（Relationship）代表親子「關係」。

為人父母的成年人跟自己父母的關係，有些很親近，彼此關心，無話不說；有些卻很疏遠，即便生活在一個屋簷下，還是相顧無言，更別說走到彼此心裡去；還有一些甚至反目成仇，斷絕關係，老死不相往來。這些都是在關係層的表現。

A（Aspiration）代表孩子學習和探索的內在「意願」。

有些孩子學習任何事物時都充滿了興趣和樂趣，喜歡探索，做事情非常積極主動，這說明孩子學習和探索的內在意願非常強烈；有些孩子一提到學習就很容易感到無聊、煩躁，總是能拖則拖，喊一聲動一下，這說明孩子學習和探索的內在意願比較低；有些孩子提起作業就頭疼、肚子疼，找各種藉口避開學習，甚至不想上學，這說明孩子學習和探索的內在意願已經非

常低了，快到了厭學的程度。這些都是在「意願」層的表現。

P（Power）代表孩子需要發展的各項多元「能力」。

有些孩子上課動來動去不好好聽講，有些孩子能安安靜靜地看書，一坐幾個小時；有些孩子英語發音非常地道，有些孩子唱歌總是跑調；有些孩子畫得惟妙惟肖，有些孩子寫字像鬼畫符；有些孩子考試名列前茅，有些孩子總是墊底。這些都是在「能力」層的表現。

想要做到深度陪伴，RAP 這三個要素缺一不可。

如何才能讓孩子考班級第一名？

比如，你希望孩子這次考試可以考班級第一名。這是你對孩子的期待，看起來在深度陪伴孩子時只需要關注孩子「P 能力」層面的表現就好。

然而，如果你只關注自己的期待，就會忽略孩子的感受以及孩子的需求。孩子是否同樣期待自己考班級第一名？孩子對考班級第一名這件事情感覺怎麼樣？有沒有壓力？有沒有信心？這些你都不瞭解。

我們在第一章的「陪伴層次模型」中講過，如果我們想要做到深度陪伴，就必須關注孩子的感受和需求。

如果你的孩子沒有考班級第一名的需求，那麼你有兩種選擇。

第一種選擇就是要求孩子必須考班級第一名，考不到班級第一名，假期旅行就取消，考到了會額外獎勵一台腳踏車。這就是典型的「傳統陪伴」層次的親子溝通方式。

　　也許這個方法很有效，但是它的前提是犧牲了孩子的感受。孩子並不是自發自願地想要實現這個目標，只不過是受到了外在的威脅和誘惑。孩子的目標是那台腳踏車，或者是「不要取消假期旅行」，而不是「考第一名」這件事情，孩子是被迫做出選擇的。

　　如果父母反覆用這樣的方式去達成自己的期待，會讓孩子誤以為他學習是為了實現父母的期待，而且這種想法會慢慢進入孩子的潛意識，變成孩子未來做決策的慣性思維模式。未來當孩子面臨兩個工作機會時，他的潛意識會引導他選擇那個會讓父母覺得特別滿意的工作，而不是真正能發揮自己的優勢、才能，或者讓自己做得開心的工作。

　　所以激發孩子內在真正的意願就非常關鍵，也就是第二種選擇。

　　如果你想要讓孩子考班級第一名，陪伴孩子時最需要關注的就應該是孩子「A 意願」層面的表現。只有激發孩子自己想要考第一名的內在驅動力，才有可能實現這個目標，否則你只能退回到「傳統陪伴」層次去強求孩子替你完成這個目標，把孩子培養成一個聽話但是沒有自己想法的「學習機器」。

　　好，這個時候你的注意力放在了激發孩子的內在驅動力上。當你跟孩子溝通他為什麼不想考第一名時，你發現，孩子並不是沒有這樣的期待，而是他自己壓根兒不相信自己可以做到。而孩子之所以會對自己不自信，是因為你經常批評他：「怎麼這點兒小事都做不好？」甚至嘲笑他：「如果你能把這件事情做好，那簡直是太陽從西邊出來了。」所以他覺得自己真的什

麼事情都做不好，哪裡還敢想考第一名的事情呢？

　　這時，孩子真正需要的是父母的支援，幫助孩子的能力上一個新的臺階。唯一的方法，只能是父母透過深度陪伴去幫助孩子感受到「我有能力做到」，然後你會發現孩子迸發出來的力量會超出你的想像。

　　可是，如果父母看不見這個需求，陪伴孩子時只是進行一些日常的噓寒問暖，孩子就會感到特別無力、挫敗，在做很多事情時，可能還沒開始就先選擇放棄了。

　　甚至還有可能孩子本身是完全具備這個能力的，他也知道自己是可以做到的，但是因為平時父母的要求讓他壓抑得喘不過氣來，所以為了報復父母，不想讓父母的期待得到滿足而故意考不好，試圖用這樣的方式來反抗父母的控制。

　　如果是這種情況，父母想要提升孩子考第一名的「A 意願」，還得先修復跟孩子的親子關係（R 關係）。

　　所以，**很多孩子的問題，看似是出在 P 能力上，其實是出在 A 意願上，甚至是在 R 關係上。所以 RAP 三個要素缺一不可。**

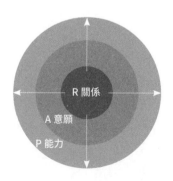

一旦掌握了 RAP 養育法，父母就可以像剝洋蔥一樣，一層一層往裡去看問題究竟出在哪個層面。

大方向對了，父母陪伴孩子的每一分努力才能取得最大化的效果。

◆ 深度陪伴的遞進順序：R-A-P

其實並不是等到孩子出現問題了，家裡已經開始雞犬不寧了，才開始對孩子進行深度陪伴。而應該在孩子還小的時候，什麼問題都沒有發生的時候，就開始去深度陪伴孩子，這個時候的投入是最小的，回報卻是最大的。

在孩子小的時候，尤其是 3 歲之前，我們要先跟孩子建立親密牢固的親子關係（R 關係）。

好的親子關係是孩子成長的起點。

20 世紀 50 年代，美國心理學家哈利・哈洛 (Harry Harlow) 用恆河猴做了一個非常著名的實驗。哈洛做了兩個假的母猴子，一個用鋼絲網製作而成，並在它的胸前安裝了奶瓶，可以 24 小時供應母乳。另一個用絨布製作而成，摸起來非常柔軟和舒適，但是沒有安裝奶瓶。他把剛出生不久的小猴子從猴媽媽身邊帶走，放到兩個假的猴媽媽面前。哈洛發現，除了吃奶，小猴子會一直跟絨布媽媽待在一起，受到驚嚇時，小猴子也會跑到絨布媽媽那裡尋求安慰，因為絨布媽媽可以給它帶來溫暖和安全感。

當小猴子和假猴媽媽相處一段時間後，哈洛開始嘗試把鋼

絲媽媽和絨布媽媽移除，看看小猴子有什麼反應。實驗發現，當胸前掛有奶瓶的鋼絲媽媽在場，而把絨布媽媽移走時，小猴子會情緒失控，驚慌失措，大聲尖叫。它寧可蜷縮在絨布媽媽原來待著的地方，也不去擁抱鋼絲媽媽。就算工作人員往籠子裡放置新玩具，小猴子也沒有探索的欲望。

後來哈洛把這些小猴子放進正常的小猴群體中，他發現，這些小猴子對周圍的一切都抱有敵意，不能和其他猴子一起玩耍，也不願意跟其他猴子接觸，有的攻擊性特別強，不合群，有的甚至還出現了自殘現象。

這個實驗說明，**讓孩子感受到安全和愛，是促進孩子不斷向外探索和發展的根基，孩子和媽媽的依戀關係決定了孩子對外在世界的開放程度、信任程度以及孩子與外在世界的互動方式。**

這些都屬於親子關係（R 關係）的範疇，沒有良好的親子關係作為基礎，談孩子的成長，無異於空中樓閣。所以良好的親子關係是原點，是我們深度陪伴孩子的核心。

有了好的親子關係作為基礎，孩子自然就會對外部世界充滿好奇，自然就願意去探索外部世界。在這種情況下，我們再去激發孩子主動學習、主動做事情的內在驅動力（A 意願），其實是非常容易的。

在第四章中，我會提供幫助孩子提升學習意願（A 意願）的工具。

當有了好的親子關係（R 關係）作為基礎，孩子又有足夠

的內在驅動力（A 意願），他就不需要為了渴求父母的愛和關注而消耗自己的精力，父母也不需要為了提升孩子的內在驅動力而頭疼不已。雙方都可以把所有的精力聚焦到如何提升孩子的能力（P 能力）上，這種狀態是家庭內部情緒內耗總和最少，也是最合力和輕盈的狀態。

在第五章中，我會提供幫助孩子提升多元能力（P 能力）的工具。

有一段時間，我每天早上上班前都會給樂樂佈置閱讀一段歷史的任務，下班後再跟樂樂一起探討這部分歷史的內容。從遠古時代到近代的歷史，我們花了差不多 2 個月時間閱讀和探討完。

我也順便建了一個「玩中學歷史」的微信群，每天早上我都會把我當天帶樂樂讀的章節以及當天要討論的主題發佈到群裡，大家只需要照著去做就好了，非常簡單，群裡有幾百個家庭跟著我一起帶孩子每天讀歷史。

還沒讀幾天，大家就發現了問題，因為有些家庭的孩子不想讀。雖然我選的這套書很有趣，雖然父母認為孩子完全有能力理解和讀完，可是孩子就是不願意讀。所以讀著讀著，有些家庭就就跟不上進度了，父母也覺得特別可惜。因為有這樣一個氛圍，內容又這麼有趣，如果每天能夠讀一點，不知不覺孩子就能對我們的歷史瞭若指掌，根本不需要死記硬背。

究其原因，就是這些父母跟孩子之間的親子關係（R 關係）出現了一些問題，所以孩子不想聽父母的安排。即便父母的安排是貼心的，也是為孩子好的，孩子也不想按照父母建議的方

式去做，於是在孩子的行動意願（A 意願）上，父母會有一些無力的感覺。

　　所以，深度陪伴孩子的順序，應該首先從 R 關係開始，再到 A 意願，最後才是父母關心的 P 能力部分。

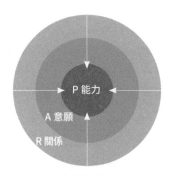

深度陪伴的順序

　　如果把這個順序弄反了，父母往往會南轅北轍，甚至花了很多時間、很多金錢，最後還是在原地轉圈。

　　如果我們從孩子出生開始，就按照 R-A-P 的順序去陪伴孩子，你會發現，等到孩子上小學之後，當其他父母都在頭疼孩子完不成作業、不愛學習時，你會輕鬆很多。因為你在前 6 年已經提前打好了基礎，而其他父母是遇到了問題才開始行動。這 6 年的深度陪伴，才是孩子真正的起跑線。

◆ 深度陪伴解決問題的路徑：P-A-R

通常，當孩子的行為跟父母的期待不一致時，我們解決問題的第一步是從 P 能力開始。

比如，如果孩子寫字慢、認字少、算數很慢、半天寫不出作文，我們可以先去看孩子是不是缺乏哪方面能力，然後再專注地去說明孩子提升這部分能力。在本書中會專門講到孩子的多元能力，可以給父母一個更加全面的視角，說明父母快速判斷孩子到底是哪方面能力缺乏。

如果你發現，這些能力的障礙都掃清了，孩子的能力還是提不上來，那我們就得再深入一層去看，是不是孩子沒有意願去做這件事。

有一位學員媽媽曾經跟我講過她的困惑，孩子總是背不下來課文，有時候一篇課文要背到晚上 12 點才勉強背會，媽媽也跟著熬夜睡不好覺，孩子和媽媽都很崩潰。透過跟這位媽媽溝通，我發現，這個孩子背課文慢並不是能力問題，因為他有時候背課文背得很快，所以並不是記憶力不好。排除了能力障礙，那麼再往裡面看，其實就是孩子在那個當下沒有背課文的意願。孩子不願意背課文是因為內在有牴觸情緒，內在有牴觸情緒是因為媽媽比較吹毛求疵，孩子出現一點小錯誤，就要求孩子重背，導致孩子越背越緊張，越背越煩。

當孩子沒有意願去做一件事時，可能是因為不喜歡，也可能是因為有挫敗感、沒自信，還可能是親子關係出了問題。如果是後者，那麼只在 A 意願這個層面去解決問題，就會非常低效。高效的做法是先放下對結果、意願的期待，耐心地去修復

跟孩子的親子關係。R 關係的部分修復了，孩子的意願問題很容易就可以解決。

我曾講過一個故事：

一位媽媽告訴我，她們家老大兩周歲左右時，老二出生了。由於月子期間精力有限，所以她的注意力都放到了剛出生的小寶寶身上，老大就交給爺爺奶奶看照。爺爺奶奶在哄二寶時，經常會當著老大的面對二寶說：

「寶乖呀，你最乖了，你看姐姐就不聽話。」

慢慢地，媽媽發現，老大的行為開始倒退，她在家不僅會用爬來代替走路，還會動不動就發脾氣。其實，孩子的這種行為，是想重新獲得媽媽的愛。她覺得媽媽有了弟弟之後就不愛她了，所以錯誤地認為，只有自己變成小寶寶，才能重新贏得媽媽的愛。

這位媽媽意識到自己和老大之間的問題後，做完月子就果斷把老二交給了爺爺奶奶照顧。因為她覺得老二現在還小，主要的需求表現在生理上，而老大現在極需自己給予關愛，她需要趕緊修復和老大之間的情感聯結。透過這位媽媽一段時間的深度陪伴，老大的行為慢慢恢復了正常。

這個孩子是幸運的，雖然她還不怎麼會向媽媽表達自己的需求，但是敏感的媽媽及時地從她的行為中讀懂了她的內心需求。於是，這位媽媽果斷地深度陪伴她，從而避免了自己在錯誤的育兒路上越走越遠。

當孩子的行為出現偏差時，問題的根源在親子關係，所以

這位媽媽跳過意願層面的努力，直接從親子關係入手，很輕鬆地就解決了一個看似很棘手的問題。

　　這就是深度陪伴解決問題的思路，P-A-R。有了這樣一條清晰的路徑，父母在陪伴孩子成長的過程中，可以少走很多彎路，投入同樣的時間和精力，可以取得更好的效果。

深度陪伴解決問題的路徑

深度陪伴 RAP 養育法，離不開媽媽愛自己

◆ 停止抱怨、開始愛自己的媽媽

我的深度陪伴學員燕子分享了她自己的一個體驗：

上一週，工作特別忙，每天早上 7 點出門，晚上 10 點以後回家，無法照顧孩子們。週末終於可以早回家了。晚上 8 點半進家門的我，迎來了熱情的孩子們：「媽媽，你回來了，陪我玩跳棋！」、「媽媽，我想讓你陪我聽歌。」

想要休息的我，頭一下子炸了，我只想倒在床上睡覺，誰都不想陪！

沒有學習深度陪伴之前，我一定會忍不住抱怨：「煩死了，你們自己玩吧，別來煩我，我太累了！你們總是在我特別累的時候來煩我！」

但是現在的我，整理了一下情緒，平和地對孩子們說：「停一下，聽媽媽說，媽媽最近特別辛苦，今天想好好休息。我現在頭疼頭暈，渾身疲憊，希望你們可以自己再堅持玩一會兒，

不過，我可以看你們玩或聽你們講。」正在上六年級的老大安靜了一下，說：「那我還是回我的房間繼續畫畫吧，你好好休息。」

剛上一年級的老二還有些不甘心，問我：「媽媽，你真的不能陪我下棋嗎？」

我微笑著回答：「是的，今天真的不能陪你了。」

一向不達目的不甘休的老二居然也接受了，說：「那好吧，我不下棋了，我想看書，要不我讀一會兒故事給你聽吧？」

我說：「這太好了，我很開心。」

安心地休息了 1 個鐘頭，睡前，我對兩個孩子說：「真的很感謝你們在這一週裡支援媽媽的工作，媽媽很喜歡現在的工作，這個工作關係到公司的發展，它很有意義。謝謝你們可以在我忙的時候照顧好自己，能夠好好喝水、認真完成作業。」

兩個孩子也都特別開心。

燕子說：「感謝孩子們的理解，感謝自己一直堅持深度陪伴，讓我和孩子們的情緒都在可控的範圍內。」

我想說，這樣的陪伴，才是孩子們想要的陪伴。因為深度陪伴絕對不是媽媽單方面為孩子去犧牲自己，像蠟燭一樣，燃燒自己來成就孩子。真正的深度陪伴，一定是相互滋養。

愛自己，才能讓我們的情緒保持在可控範圍內，才能讓我們的親子關係一直處於一種穩定的親近狀態。

◆ 深度陪伴的前提是媽媽的能量狀態

沒有足夠的能量支撐，想要做好對孩子的深度陪伴，無異於天方夜譚。

從中醫的角度來看，當一個人能量不夠時，是不定神的，很容易被任何外在事物干擾。就像池塘裡面的水，即使只是一陣微風輕輕拂過水面，也會盪起不小的漣漪。

所以，當父母自己能量狀態不夠時，很容易因為一點小事就炸了。如果這個時候去陪孩子做作業，就很容易控制不住自己的情緒。

如果這時父母還選擇把注意力放在孩子身上，一道題講一遍不會，就講 10 遍，講 10 遍不會，一直講到會為止，那麼父母的能量狀態就會越來越低，同時孩子的能量狀態也會被帶得越來越低。

正確的做法是，當父母覺察到自己的能量不夠時，要把注意力收回到自己身上，去做一些可以提升自己能量的事情。缺睡眠的去補個覺，思慮太多的就去做一會兒正念。

父母的能量狀態提升了，再來陪孩子做作業，臉上的神色都會變得平和、放鬆，陪伴的品質自然就會得到改善。

我每次覺察到自己快失去耐心的時候，通常都會跟樂樂說，媽媽最近有些累，先補個覺再陪你。以至於每當樂樂看到我狀態有點不對時，就會主動提醒我：「媽媽，你肯定是沒有睡好覺，太累了，你趕緊去休息。」

這就是一種非常真實自然的情感互動狀態，我們不需要苛求自己，一定要成為一個每天能量滿滿的媽媽，但是我們要清

晰地知道自己當下是什麼狀態。有多少能量就做多少事，不要強迫自己，也不要強求孩子。

正確認識自己當下真實的能量狀態很重要。

現在媽媽這個角色特別白熱化競爭。

當我們看到明星媽媽生完孩子沒有滿是贅肉的小腹，立馬覺得自己嚴重變形的身材醜陋得不行。當我們在朋友圈看到別人家的媽媽隨便一拍照都很漂亮，養小孩是專家，年收入百萬，婆媳關係一流，夫妻相處融洽，再看看自己，養育孩子一地雞毛，賺錢難上加難，對於婆媳關係、夫妻關係以前還嫌煩，現在連煩的心思都沒有了，覺得自己失敗得不行。

白熱化競爭的結果就是，人會瘋狂外求，失去自己的判斷力，希望馬上看到成果，彷彿只要慢一點，自己就是失敗者。

可是，當好「既能深度陪伴孩子，還能讓自己有價值」的媽媽，真的沒有速成的方法。

不要被網路上的「別人家的媽媽」曬的朋友圈帶偏了，因為網路上的資訊是不完整的。

別人家的媽媽今天給孩子讀了 10 本繪本，你確定那是 365 天每天的常態嗎？還是某一天的高效時刻？如果不是常態，那就不要因為自己今天只給孩子讀了 2 本繪本而自責了。

如果我們總是關注別人做了什麼，就是在持續地外求，會讓自己變得沒自信、焦慮、不安定。一會兒覺得這個好，一會兒覺得那個好，一會兒上這個課，一會兒上那個課，學習的時間很多，踐行的時間卻幾乎沒有，那麼本來就不高的能量會被進一步消耗掉。

正確的做法是回到自己身上,思考「我想成為怎樣的媽媽,我希望如何陪伴孩子,我應該如何去實現」。沒有外在的能量消耗,專注在你自己的目標上,行動起來,你的能量就會被重新聚集起來。

明確自己當下的狀態是外求還是內求很重要。、當媽媽不再被陪伴孩子束縛,孩子也不再去承載媽媽的犧牲感時,親子關係才是真正雙向滋養的關係。

這樣的陪伴,才是彼此滋養的深度陪伴。

◆ 給自己的情緒銀行定期儲蓄

我們每個人的身體裡面都有一個情緒銀行。以前當我想休息,但是不允許自己休息時,我就在情緒銀行存了一筆「委屈」的情緒幣;當我非要樂爸按照我的方式去做,但是他堅持他的做法時,我又在情緒銀行存了一筆「憤怒」的情緒幣;當我期待樂爸不需要我講就能主動看到我為家庭的付出而他卻看不見時,我又在情緒銀行存了一筆「傷心」的情緒幣。如果這些負面情緒在我的情緒銀行裡多到裝不下了,我就會情緒失控。所以,我情緒失控的時候,並不是因為那一件小事,而是因為我的情緒銀行被負面情緒幣填滿了。

很多媽媽特別能夠隱忍,哪怕很累了,還會硬撐著去照顧孩子、照顧老公、做家務。只要不到崩潰的極點,都能夠再撐會兒,直到實在撐不住了,才會情緒大爆發。此時就像打開了情緒的潘朵拉盒,委屈、抱怨、指責、憤怒一股腦兒全部出來

了。

　　所以，雖然能量狀態可能早就開始往下走了，但是往往當情緒爆發時，才會被孩子和家人感受到。

　　我的母親就是這樣的人，她很能幹，也很賢慧，做飯特別好吃，家裡總是收拾得一塵不染。在我的記憶中，不論我們外出回家多晚、多累，進門把鞋一換，一分鐘內就能看到她已經開始在收拾家裡了。哪怕生病不舒服，也要堅持做完。

　　父親的生活節奏跟母親有點不一樣，父親回到家之後，如果覺得累了，就會坐在沙發上看會兒報紙或者打開電視休息一下。所以母親經常會批評父親：「你只知道整天坐在沙發上看電視！」然後抱怨，「這家裡的事情我不做就沒人做！」接著就會覺得特別委屈，「別人家都是男人做家務女人享福，我真是命苦。」

　　其實父親並不是不做事情，在我的童年印象中，父親做飯很好吃，家務做得也很好。只是，他們的生活方式有些不一樣。母親覺得必須要先做完家務活兒才能休息，而父親覺得休息好了再做家務也可以。久而久之，母親內心積攢了很多的委屈、抱怨、憤怒，特別容易發脾氣，我永遠不知道什麼時候母親會突然對我們發脾氣。從小到大，我經常聽到母親數落父親，我一方面替父親叫屈，一方面又心疼母親。

　　在我生老大樂樂之前，我曾經百分百複製了母親在婚姻裡的模式。每天下班回到家，不論多累，放下包，換上拖鞋，馬上就開始做飯、打掃，而樂爸就像我的父親一樣，會坐在沙發上看他的書。戀愛期間，我覺得那是一種很幸福的感覺，能為自己愛的人做點什麼，是一種價值的體現。但是自從有了孩子，

我一邊做著這些事情，一邊越來越多地抱怨、委屈和指責。

每當我跟樂爸爭吵時，我就會把我平時在家務這方面付出了很多而他卻一點兒都沒有付出這件事拿出來講，通常最後的結果就是樂爸道歉讓步，承認自己的錯誤。

有一天，我跟樂爸又發生了爭吵，我再一次把這件事情拿出來說，樂爸突然回了我一句：「可是我並沒有要求你做這些事情呀。」

我呆住了，我反問他：「那你覺得我們家亂七八糟的，沒人收拾，你也無所謂嗎？」

樂爸回答：「我覺得沒問題呀，相比家裡很乾淨，但是我們卻總是因為這件事情爭吵，我寧願家裡一團亂，你開心，我也開心。」

那一刻，我突然發現，原來，我那些看似「賢妻良母」的行為背後，其實隱藏著很深的期待。我期待我做的事情可以成為我跟樂爸爭吵的底牌，讓自己永遠可以處在那個「贏」的位置。其實，我根本不享受做家務這件事情，我以為我喜歡，我以為我發自內心地願意為這個家庭去做，其實不是。

樂爸說：「如果你不想做，那就不用做，不要委屈自己，家裡亂一點兒反而更有生活氣息。」

從那以後，我就徹底接納了我不喜歡做家務這件事情，也不再強迫自己像母親一樣，不論多累，都會第一時間把家裡收拾得乾乾淨淨的。我的犧牲感少了，就沒有了不合理的期待，委屈少了，情緒內耗也少了。

從那以後，當我覺察到我有負面情緒時，我都會去思考委屈背後是什麼，憤怒的是什麼，傷心的是什麼。

當我及時覺察到了負面情緒背後的原因，我會選擇用愛自己的方式去處理。

如果我覺得委屈，委屈的背後可能是我覺得我都要累死了樂爸卻一點兒都不關心我，那我就會停下那些讓我覺得很累的事情，讓自己好好休息一下。

如果我覺得很憤怒，憤怒的背後可能是週末我興致勃勃地期待著一家人出去爬山運動一下，結果樂爸說太累了不想去，那我就會停下來問自己，如果樂爸不想去，我還想帶孩子去爬山嗎？我發現，即便這樣，我仍然很想帶孩子去爬山，因為我自己喜歡戶外運動，我也很享受陪伴孩子的過程，於是我就會放下對樂爸的期待，去做自己喜歡做的事情。

當我們愛自己時，我們人生的主動權就掌握在自己手中，而不是被別人的一舉一動所影響，我們的情緒銀行自然就不太容易被負面情緒填滿，導致情緒失控了。

作為孩子的媽媽，我們是要多去看見孩子，但我們更要多去看見自己。看見自己的情緒，看見自己的需求，願意滿足自己需求的媽媽，才能做自身情緒銀行的主人。

小練習

覺察自己的需求

1·拿出一張白紙和一支筆，給自己放一首輕柔舒緩的音樂，找一個安靜的空間。

2·寫下你最近情緒失控的事情，覺察分別是哪些負面情緒，以及這些負面情緒背後你忽視了自己的哪些需求，把這些未被滿足的需求列出來。

◆ 用生命生孩子的女人，配得上任性和驕傲

哪個女人不是在用生命生孩子？

十月懷胎會經歷什麼？沒生過孩子的人，簡直無法想像。

我曾經有一個同事，一直沒懷上寶寶，去醫院做各種檢查，做各種治療，折騰了一年多，最後差一點就要做試管嬰兒了，才幸運地懷孕了。

我懷老大樂樂時黃體酮很低，每天都要吃保胎藥。中間還出血過，醫生說我要臥床保胎，每天就是躺在床上，不能下床。那種躺得屁股都要麻木了的感覺，男人是無法體會的。

我懷老大樂樂和老二雄雄都是整整吐了 5 個月，每次都感覺膽汁都要吐出來了。經常是吐到沒有任何東西可吐，但還是

控制不住要吐。吐完又擔心肚子裡的孩子營養不夠，哪怕一點食欲都沒有，也要強迫自己再吃點。

懷老大樂樂時，我還得過一場重感冒，那又是一次痛不欲生的體驗。咳嗽、鼻子堵住了無法呼吸，為了不影響肚子裡的寶寶，所以不吃任何藥，完全靠自己硬撐。咳得感覺肺都在抖，那也硬扛著。晚上鼻子堵得睡不著覺，只能張著嘴巴大口大口地呼吸，給肚子裡面的寶寶多一些氧氣。

等到快生產時，我還經歷過好幾次氧氣不夠無法呼吸，大半夜跑到醫院去吸氧的情況。

好不容易等到生產了，因為我心律不齊，心臟有預激症候群 (WPW 症候群)，所以還得提前做好萬一出現突發情況，可能會被送去搶救的心理準備。

等到終於進了產房，還要經歷讓人痛得想要撞牆的宮縮。在頭腦已經被宮縮痛折磨得不清楚的情況下，還要強迫自己冷靜下來，按照拉梅茲呼吸法一步步深呼吸，讓肚子裡的孩子能夠平安生下來。

最後，因為羊水污染，剛生下樂樂，還沒機會抱抱孩子，樂樂就被下達了「病危通知書」，緊急送去搶救。幸運的是，一週後孩子健康平安地回到了家。

備孕的心酸、保胎的擔憂、孕吐的難受、孕期感冒只能硬抗的痛苦、孕晚期身體的重負、生產時痛到想撞牆的宮縮、生完孩子縫針等各種痛……只有親身經歷過，才能懂。有的媽媽還經歷過順產不成無奈剖腹，有的媽媽經歷過縫針不順要拆掉重縫，還有的媽媽因為醫生要帶實習生實習，會經歷被圍觀。這些經歷如果不是為了孩子，哪個女人會無怨無悔？

所以我真心覺得女人都是用生命來生孩子的，就憑這一點，每一位媽媽都配得上任性和驕傲。

但是，讓我覺得特別心疼的是，生完孩子之後，大部分家庭都是媽媽承擔了更多的養育工作，甚至還要承擔所有的家務。如果是全職在家帶孩子的媽媽，更是一年 365 天，每天 24 小時帶小孩，全年無休。她們非常渴望週末時能夠休息半天，放空一下，走出封閉的圈子，提升一下自己，多認識一些新的朋友。但是因為老公忙工作，週末都不休息，或者老公忙了一週，週末想要多休息，所以她們還得繼續帶孩子，從來沒有休息的時間。

可能你會覺得，這些媽媽是自作自受，自己沒有鼓勵爸爸多帶孩子。

但是我想說，其實不是，是因為很多媽媽太沒自信。她們不愛自己，總是把另一半和孩子的需求放在首位，永遠把自己的需求放在最後。所以每每跟這樣的媽媽接觸，我都會特別心疼。

其實很多爸爸並不是不願意帶孩子，他們可能是不知道方法，也可能是看到媽媽帶孩子比自己帶得更細緻，所以更放心，還可能是媽媽從來沒有提出過需要幫助和支援，因此他們也不想去干涉媽媽領地範圍內的工作。

所以媽媽們一定要多愛自己，主動邀請爸爸參與到陪伴孩子的過程中來。

比如，讓爸爸給孩子講個故事，帶孩子出去踢個球，給孩子洗個澡，這些都是爸爸力所能及的事情。還可以主動邀請爸爸跟你一起學習深度陪伴 RAP 養育法，保持陪伴理念上的一樣

的想法。每週給自己留半天時間去放鬆一下，獨處一下，修復自己的能量。

我特別想跟每一位媽媽說，孩子不希望媽媽用犧牲自己的方式來成就

他們。深度陪伴孩子成長的過程，一定是對孩子、對媽媽雙向滋養的過程。

要牢記，你是用生命來生孩子的女性，你配得上任性和驕傲，一定要多愛自己。因為你愛自己，自己跟自己的關係好了，你跟另一半的關係才會好，跟孩子的親子關係才會更好。

所以我跟樂爸說：「我覺得就憑我用生命生孩子這一點，你就應該多包容我一些。」

這句話，我也想送給所有為人母的女人。

例如生過孩子這件事，就算有時候我們有些小任性和不講道理，也值得包容，值得關愛。

用生命生孩子的女人，配得上任性和驕傲。

深度陪伴 RAP 養育法，
讓孩子的成長沒有天花板

　　我經常跟父母們說，在現在這個時代，真的完全不需要擔心孩子未來的生存問題，只要足夠勤奮，只要有足夠的認知，做什麼都可以生存。我們需要思考的反而是，孩子做什麼是開心的、事半功倍的，是讓他特別有成就感的，是順應這個時代潮流的。

　　比如，孩子的成績很好，但是不開心，沒有成就感，父母卻幫孩子選了一個未來很可能被人工智慧取代的專業，那可能還不如孩子成績不怎麼好，但是有自己的專長和優勢，選了一個未來特別有前景的專業。相比之下，後者能讓孩子有更好的前途，更幸福的未來。

　　這裡就需要回到教育的本質：我們讓孩子接受教育，到底是為了什麼？

　　米開朗基羅創造了非常著名的雕塑作品「大衛」，完成後，有人問他：「你是怎麼創造出大衛的？」米開朗基羅回答：「我並沒有創造大衛，大衛就在石頭裡，我只是鑿去了多餘的石頭，

把它釋放出來而已。」

這句話我特別喜歡，也啟發了我對教育的思考。教育就跟米開朗基羅的作品「大衛」一樣，我們並不是要把「一張白紙的孩子」變成一個「父母期待的理想孩子」。我們不能用我們的期待去綁架孩子，而是要幫助孩子釋放自我。

我們要相信，每個孩子的內心都有一個獨特的、偉大的自我，一旦自我被釋放，其迸發出來的能量是不可想像的。父母要透過說明孩子釋放「自我」的方式給予孩子最大程度的支援。

這個自我，既包括孩子的天性，也包括孩子的學習模式，還包括孩子的能力。在孩子的能力裡面，很多父母最關注的是孩子的學習成績。

關注孩子的學習成績沒有錯，但是如果你希望真正幫助孩子提升成績，那麼就需要關注孩子成績背後多元能力的提升。要想幫助孩子提升他們的多元能力，還要關注孩子多元能力背後的因素——孩子的學習內在驅動力，並關注孩子學習內在驅動力背後的根基——親密牢固的親子關係。因為，作為父母，我們不應該成為孩子成長的天花板，釋放孩子的自我，孩子的成長就永遠都沒有天花板。

在接下來的三章中，我們將分享如何構建親密牢固的親子關係，如何培養有內在驅動力的孩子，如何智慧地發展孩子的多元能力。深度陪伴 RAP 養育法的每一個模組，我都會詳細拆解，並提供 36 個拿來即用的工具和 60 多個真實的養育案例，讓每一位父母都可以帶著清晰的方向，透過具體的路徑，運用工具去實現自己深度陪伴孩子的目標。

第三章

R 關係，構建
親密牢固的親子關係

不打擾‧不評判‧說出孩子的感受和需求　看見
界限清晰‧接納缺點‧認同感受　接納
做孩子的「第二隻小雞」‧擁抱‧及時回應‧道歉　安撫
願意滿足孩子的需求‧允許犯錯‧放手‧商量　相信

對親子關係的四種錯誤認知

很多父母對親子關係的重視度非常低，為了提升孩子的能力，不惜以犧牲親子關係為代價，這是一個損失很大的決策。

因為沒有好的親子關係作為基礎，想要提升孩子的能力比登山還難；但是如果有好的親子關係，只要父母掌握了正確的方法，提升孩子的能力其實很快。

就像我在第二章提到的，我帶樂樂用 2 個月的時間在玩中學歷史，因為有良好的親子關係做基礎，我和孩子之間不需要為學習這件事情進行勸說、談判或爭執。我和孩子都可以把所有的精力放在如何把這件事情做好上面，孩子的能力當然會很快提升，我也不需要在工作之餘還要為孩子的學習擔憂。

有的父母之所以對親子關係的重視度低，是因為他們完全沒有意識到他們對親子關係有很多錯誤的認知。

第一個常見的錯誤認知是，因為自己跟孩子之間有血緣關係，所以便默認孩子的一切都是自己給的，孩子就應該聽自己的。這類父母會把孩子當成自己的私有財產，想批評就批評，

想吼就吼，想罵就罵，因為他們不覺得這些行為會破壞親子關係。

第二個常見的錯誤認知是，一家人之間，愛放在心裡就好，不用在口頭和行為上表達出來。這類父母會把對孩子的愛藏在心裡，幾乎不會跟孩子說「媽媽愛你」、「爸爸愛你」，也不會在孩子需要的時候去安撫孩子。

第三個常見的錯誤認知是，認為自己作為父母，無論做什麼都是為了孩子好。言下之意就是，「無論爸爸媽媽如何對待你，你都應該跟我們關係親密」。如果覺得自己的出發點都是為了孩子好，便做自己認為對的事情，那麼孩子就會覺得很委屈，「你說是為我好，可是我不覺得你是在為我好呀」。

第四個常見的錯誤認知是，孩子現在恨自己也沒關係，等他長大了就能理解父母的用心良苦了。這類父母完全被網上類似「長大後我才明白父母的用心良苦」的論調給迷惑了。這裡涉及心理學上的**「倖存者偏差」**概念。不排除有一部分孩子以前恨父母，長大後就明白了父母的用心良苦，跟父母和解了。但是絕大部分孩子，長大後其實都無法跟父母和解，甚至會把原生家庭帶來的傷痛帶到自己的小家庭裡面，對自己的妻子或丈夫以及孩子造成新的痛苦。

我非常相信，很少有父母在知道了親子關係的重要性之後，仍然不重視親子關係。大部分父母都是被這四種錯誤的認知所影響，不能在行為層面真正地將親子關係重視起來。這些錯誤認知，大都是在無意識的狀態下形成的。當我們擺正了認知，自然就願意在行為層面真正重視起來。

親子關係的四個核心要素

我見過很多父母，工作很忙，賺很多錢，有能力給孩子買很好的學區房，報很貴的才藝班，請保姆精心照顧孩子。這些父母愛孩子嗎？肯定愛。他們和孩子的親子關係好嗎？不一定。

親子問題已經成了很多家庭的一個共感問題。

父母都喜歡用自己認為對孩子好的方式去愛孩子，而不是真正從孩子的需要出發去愛孩子，最後的結果就是父母認為自己為孩子付出了全部，但是孩子卻不領情。

為什麼會出現這種情況呢？

我認為有三個主要原因：

第一個原因是存在認知代溝。

每個人最初都是透過「自己的需求」來看待這個世界的。

比如，小時候家裡條件不太好或者條件一般的父母，很喜歡給孩子買很多好吃的、好玩的，因為他們覺得自己小時候眼巴巴看著別人穿漂亮的衣服、吃好吃的零食，自己卻沒有，感覺自己很可憐。他們的需求是「別人有的，我也要有」，所以「別

人家孩子有的，我家孩子也得有」，他們覺得這樣做才是愛孩子。

小時候沒有上過才藝班，但又渴望自己多才多藝的父母，會很喜歡給孩子報很多才藝班，因為覺得自己小時候就是因為沒有上才藝班，在才藝方面才一竅不通。他們的需求是「多才多藝」，所以覺得給孩子報很多才藝班才是愛孩子。

上學時成績不好，沒有考上好的大學，人生留有遺憾的父母，會很喜歡給孩子報各種各樣的輔導班、培訓班。他們的需求是「考上好的大學」，所以會想盡辦法提升孩子的學習成績，幫助孩子考上名校，覺得這才是愛孩子。

小時候被管得太多，導致自己的人生被束縛的父母，會宣導「只要孩子開心快樂就好」、「千萬不要管孩子」，因為他們覺得自己當年就是被父母管得太多了，才什麼事情都不敢去嘗試。他們的需求是「不被管」，所以，他們認為，不管孩子，才是愛孩子。

但是，父母的需求，不一定是孩子的需求。父母和孩子的認知不一樣，需求就會不一樣。如果父母強行把自己需要的東西塞給孩子，就會出現認知代溝。結果就是，父母覺得自己給了孩子很多愛，但是孩子反而感受不到愛。

第二個原因是需求升級。

人本主義心理學創始人馬斯洛提出了著名的「馬斯洛需求層次理論」。

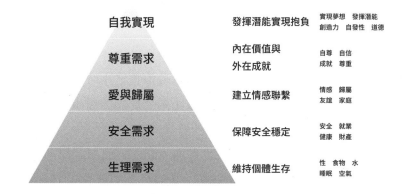

大多數「1970 年代」、「1980 年代」這代人，小時候生活的主要需求還處於最基礎的兩個層次，生理需求和安全需求。

當他們成為父母，他們的孩子基本上都是「2000 年代」、「2010 年代」或者「2020 年代」。這些孩子出生的時候，大部分家庭已經比較富裕了，都是不愁吃穿的，所以孩子從出生的那一刻起，前面兩個層次的需求都預設被滿足了，會直接上升到第三個和第四個層次，即愛與歸屬，以及尊重需求。

這就是為什麼很多父母會覺得，自己小時候挨打是家常便飯，也沒有出現心理問題，但現在的孩子打不得罵不得，特別脆弱，稍不注意心理就出問題了。因為成長的時代不一樣，核心需求不一樣了。

第三個原因是時間問題。

很多父母因為忙於工作，沒時間陪孩子。據統計，2018 年中國男性的勞動參與率高達 90%，位居世界前端，女性勞動參與率高達 70%，位居世界第一。爸爸媽媽都工作，孩子只能交給爺爺奶奶、外公外婆或者托兒所、保姆照顧，陪伴缺失是親

子關係不好的很大一個原因。也正因為父母陪伴孩子的時間少，如果想要有好的親子關係，就要提高陪伴品質。

在踐行深度陪伴的十年裡，我接觸過大量的父母，在給大家輔導和諮詢的過程中，我發現一個規律，凡是親子關係好的家庭，他們都做對了一些事情，親子關係不好的家庭，也是這些方面沒有做好。我把這些跟親子關係息息相關的事情提煉成了親子關係四要素，分別是：**看見、接納、安撫、相信。**

親子關係四要素

看見是指能夠看見孩子的真實自我。

很多父母眼中的孩子其實不是孩子自己，而是父母幻想出來的孩子。在這種情況下，孩子也很容易被負面暗示影響，變成父母幻想出來的那個孩子，失去真正的自我。

這樣的親子關係不可能融洽。因為孩子只要跟父母在一起，就會覺得壓抑，想要遠離父母，長大後還會想考上一個離家很遠的大學，誰都不認識自己，重新做自己。

我就是一個童年完全不被父母看見的孩子，所以小時候明明內心不想聽話，偶爾也會跟父母頂嘴，但是整體來講還是個乖乖女。我很討厭那種不能完全做自己的感覺，所以高等教育

入學考試結束後，我欣然接受了父母建議我報考的大學。因為這所大學離家 1,700 公里遠，去那裡就等於去一個沒人認識我的地方，這樣我就可以做回真正的自己了。

接納是指學會接納孩子本來的樣子。

首先，父母要學會接納孩子跟父母是不一樣的個體，因為孩子的需求和父母的需求很可能是不一樣的，不能混為一談。

比如，我們都聽過一句話，「有一種冷叫你媽覺得你很冷」。當媽媽自己穿兩件衣服還覺得很冷時，就會趕緊給孩子再加一件。但是孩子其實根本不需要穿那麼多，正常情況下孩子要比父母少穿一件才剛剛好，因為孩子陽氣十足，不怕冷。媽媽給孩子穿很多，是因為媽媽把自己的需求當成了孩子的需求，沒有把這兩者區分開。如果媽媽能夠接納孩子的需求可能跟自己的需求不一樣，那麼就會尊重孩子的需求，而不是強行用自己的需求去代替孩子的需求。

其次，孩子可能不如父母優秀，或者孩子不如父母期待的那麼優秀，這一點父母也需要接納，因為那才是孩子真實的樣子。比爾·蓋茨和賈伯斯的孩子可能在商業上沒有他們的父親成功，但是並不意味著他們的人生就很失敗。一個能夠做自己、找到自己熱愛的事情並且為之努力終生的孩子，也是幸福的，也是成功的。

安撫是指當孩子傷心、生氣、焦慮、害怕時，去安撫孩子的心靈，幫助孩子平復下來。

在第二章裡我給大家分享了美國心理學家哈洛的恆河猴實驗，這個實驗也證明了媽媽的安撫對孩子的成長有多重要。

很多家庭親子關係之所以會嚴重破裂，就是因為父母不僅沒有給予孩子安撫，還在不停地給孩子製造傷心、生氣、焦慮、害怕等各種負面情緒，讓孩子的心靈二次受傷，難以平復。

我相信，父母的初衷絕對不是這樣，但是這樣做的結果完全背離了父母的初衷。

相信是指無論孩子做什麼，父母都選擇先相信孩子。

我見過很多親子關係岌岌可危的家庭，都是孩子不相信父母，父母也不相信孩子。父母希望孩子能夠先做出一點事情來重新贏得父母的信任，而孩子又希望父母能夠先相信自己，自己才有動力去努力。這是一個兩難的困境。

在這種情況下，只有一種方式可以跳出這種困境，那就是不論孩子做什麼，父母都先選擇相信孩子。

這是因為，孩子對自我的認知，首先來自生命中的「重要他人」對他的評價。而父母就是孩子生命中最重要的那個「重要他人」。

沒有父母的信任，孩子就無法確認他是否值得被相信，是否值得被愛，沒有愛作為基礎，孩子就沒有前進的動力。

雖說關係是相互的，但作為成人，父母要率先給出自己的信任。沒有父母對孩子的信任，就不可能有孩子對父母的信任，這是一個先後順序的問題。

所以，在這一章裡，我們會詳細講述，如何透過**看見、接納、安撫、相信**這四個要素來構建親密牢固的親子關係，並且會提供**14個深度陪伴工具**，讓父母可以透過清晰的路徑來達成改善和提升親子關係的目標。

看見：看見孩子的真實自我

泰戈爾在《世界上最遙遠的距離》這首詩中寫道：

世界上最遠的距離，
不是生與死的距離，
而是我就站在你面前，
你卻不知道我愛你。

這就是很多家庭的現狀，孩子不知道父母是愛他的，反而覺得自己是被父母嫌棄的，不被愛的。

其中一個原因是很多時候父母眼中孩子的樣子，可能不是孩子本來的樣子，只是父母大腦裡面期待的或者想像的樣子。

這個時候，孩子就像一個被困在虛擬泡泡中的小人兒，在泡泡沒有被戳破之前，父母覺得孩子完全符合自己的期待。一旦某一天，泡泡被戳破，父母發現自己的期待落空，便無法接受眼前的孩子，就會很容易憤怒，導致親子關係受損。

比如，有些父母在孩子上小學之前，誤認為自己的孩子很

愛學習，自己給孩子安排的任何才藝班和學習任務，孩子都能很好地完成。但其實孩子內心並不願意這樣做，只是迫於父母的權威而不得已接受，然而父母卻看不到孩子內心的想法。

上小學後，孩子的學習壓力變大，玩的時間越來越少，孩子也開始有力量反抗了，父母才發現，孩子怎麼突然就不聽話了呢？父母一時無法接受，便拿出自己的權威向孩子施壓，最後可能會導致孩子出現厭學情緒。其實不是孩子突然不聽話了，而是問題早就出現了，只是父母一直未能察覺。

接下來，我將分享三個「看見」孩子的深度陪伴工具和方法，幫助父母看見孩子真正的樣子，修復和加固親子關係。

◆ 不打擾孩子，才能看到他本來的樣子

作為父母，我們總是習慣性地按照我們對這個世界的理解去打擾孩子做某件事情。

如果孩子行動稍慢一點，父母就會習慣性地脫口而出「趕緊啊」、「怎麼那麼慢啊」。因為在大人的世界裡，時間最寶貴，慢就是不可容忍的一種行為。

如果孩子做作業時晃神了，父母就會馬上提醒「別晃神」、「你看你寫了這麼久才寫這麼一點點」。因為在大人看來，專注力很重要，分心也是不可容忍的一種行為。

當父母不斷去打擾孩子的自發性遊戲和行為時，就是在剝奪孩子形成正常的判斷力和自我管理能力的機會。然後，在喜歡打擾孩子的大人眼裡，孩子就會變成一個完全沒有能力形成

正確判斷力的孩子，一個無論大人說多少遍都不聽的執拗孩子，或者一個沒有能力去保護自己安全的衝動孩子。此時，大人還會給孩子貼一個標籤，這個孩子真是不讓人放心呀。

但是你知道嗎？有些孩子動作慢是因為他們對細節要求比較高，有些孩子容易走神是因為他們的大腦思維特別活躍，腦袋瓜裡時刻都有天馬行空的想法浮現。

如果父母不斷提醒孩子「要快一點」、「不要晃神」，那麼最好的結果也僅僅是把孩子變成一個動作快或者不再東想西想的孩子而已，而孩子本來的樣子，父母卻沒有機會去看見，更不可能去說明孩子把這部分潛能發揮出來。

所以，想要看見孩子的真實自我，第一個深度陪伴工具就是「不打擾」。

我們怎樣才能真正做到不打擾呢？
第一，父母不要著急採取行動，先停下來觀察孩子的行為。

我家二寶雄雄一歲多時，有一天早上，急匆匆地從哥哥房間走到餐廳和客廳銜接的兩層樓梯面前，爸爸趕忙從房間跑出來，在 2 公尺之外著急地提醒雄雄：「哎！雄雄！」

雄雄愣了一下，回頭看了一眼急匆匆跑過來的爸爸，做了一個跟爸爸的期望完全相反的動作，直接要往樓梯那裡踏出腳去，嚇得爸爸趕緊一把抓住雄雄，把他往回拉。否則一腳下去，就直接摔到客廳的地面上了，後果不堪設想。

爸爸深呼吸了一口氣，回頭就跟我說，以後雄雄下這裡的樓梯，我們都要陪著，不然他就直接這樣一腳踏下去，太危險了。

看起來是爸爸及時出手避免了雄雄摔下樓梯，但真相是，正因為爸爸的干預，雄雄才會做出那樣危險的動作。

其實雄雄 10 個月的時候，就已經知道下樓梯時，要掉過頭來，雙手趴在地上，倒退著下樓梯。他已經熟練地運用這個技能 6 個月了，從未失誤過。

我一直在觀察雄雄。

我發現，每當他自己一個人下樓梯時，他都會蹲下來，趴在地上，主動掉過頭來，用標準的安全姿勢趴著下樓梯。

但是，只要他發現有一個人特別關注和擔心他下樓梯，他就會馬上毫無顧忌地像大人一樣直接往前踏出去，讓大人嚇得半死。

正因為我在沒有打擾雄雄的情況下觀察過他的行為，我才非常確定，一歲多的雄雄本來就具備安全下樓梯的能力，而爸爸因為沒有做過這樣的觀察，所以他非常擔心雄雄真的會一腳踏下臺階摔傷。

第二，孩子專注做事時，父母不要主動用目光或者語言去關注孩子，這種關注也是一種打擾。

還是以上面的案例為例，如果有人關注雄雄或者擔心他下樓梯，他就會毫無顧忌地像大人一樣直接往前踏出去，絲毫不顧及自己的安全，因為他知道，大人一定會保證他的安全。

只有在他感覺不到有人在關注他時，他本來的安全意識才會真正呈現，才會自己很小心地掉頭倒退著爬下臺階。這個時候才是孩子真實的狀態，呈現的才是孩子真實的能力。

如果在戶外，父母著急趕路，孩子卻在原地磨蹭，父母也

不要著急打擾孩子，催促孩子「哎，快點走啊，在那磨蹭什麼呢」。可以蹲下來，順著孩子的視野去觀察，孩子正在做什麼。也許他們正在觀察樹上的螞蟻，這正是鍛鍊孩子自然觀察能力的好機會，也是給孩子思考問題、增加素材的好機會。如果父母總是催促孩子快點走，或者總是不請自來地當解說員，那麼孩子將失去自己觀察和思考的機會。可以想像一下牛頓坐在蘋果樹下思考的場景，如果有人對牛頓說「快點走了，發什麼呆呀」，或者對牛頓說「你看，這蘋果樹今年結的蘋果好大好圓啊」，那麼牛頓可能不會有機會被蘋果砸中，或者注意力不會落在「蘋果為什麼會往下掉」這個問題上。

當然，如果涉及安全問題，大人只需要悄悄地保護孩子的安全就可以了。

第三，多一些耐心等待孩子讓他按照自己的構想去完成一件事情。

孩子正在做的事情，和大人想要讓孩子做的事情，可能會不一樣。比如早上出門時，大人著急去上班，想要爭分奪秒，而孩子可能抓著玩具不放，他們才不關心遲到與否呢。

就算是孩子和大人想做的事是一樣的，孩子的能力水準和大人期待孩子具備的能力水準，也可能會不一樣。

在這種狀態下，大人也會忍不住打擾孩子，比如催促孩子「快點兒啊，怎麼半天了書包還沒收拾好啊」。如果是這樣，那麼父母也無法看見孩子真實的樣子和真實的能力水準。如果父母多預留一些時間，多一些耐心去等待孩子按照自己的構想完成一件事情，有時候我們反而會收穫一種驚喜。就像樂爸完

全沒有想到，雄雄居然自己會倒退著非常安全地下樓梯。

　　如果父母能夠做到這三點，不打擾孩子，充分尊重孩子的自發性行為和遊戲，孩子的判斷力和自我管理能力就會被最大限度地激發，然後我們才能看到孩子真正的潛能。

深度陪伴工具

不打擾

當父母不斷去打擾孩子的自發性行為時，就是在剝奪孩子形成正常的判斷力和自我管理能力的機會。

1. 父母不要著急採取行動，先停下來觀察孩子的行為。

2. 孩子專注做事時，父母不要主動用目光或者語言去關注孩子。

3. 多一些耐心等待孩子按照他自己的構想去完成一件事情。

◆ 不急於評判，瞭解事實的真相

　　作為父母，我們還容易習慣性地按照我們的經驗和認知去評判孩子的行為。

　　看到孩子見到外人不打招呼，就覺得孩子「怕生」、「不

大方」。看到孩子做作業速度慢，就認為孩子「磨蹭」、「學習態度不好」。

看到孩子怎樣都不願意上臺，就認為孩子「內向」、「膽小」、「沒自信」。

其實事實的真相未必如此。孩子不打招呼，可能是他有自己的節奏，在陌生人面前需要更多的時間熟悉；孩子做作業速度慢，可能是孩子遇到了困難，或者孩子寫字一絲不苟；孩子不願意上臺，可能是他非常重視這次展示的機會，而內心覺得自己還沒有準備好。

所以，想要看見孩子，瞭解事實的真相，第二個深度陪伴工具就是「不評判」。

怎樣才能做到對孩子的行為「不評判」呢？

第一，覺察自己對孩子的評判。

人處於負面情緒中時，很容易被自己看到的情景蒙蔽雙眼，誤認為看到的就是真相。記得有一次樂樂做作業，做著做著就開始大發脾氣，我去關心他，他還衝著我大喊大叫。樂樂的情緒馬上也激起了我的情緒，我的下意識反應是評判，我覺得他太不可理喻了，不講道理，還情緒化。當我對樂樂產生這樣的評判時，我的第一反應是去「教育」他，讓他意識到自己這樣做非常不對，然後去「糾正」他，告訴他怎樣做才是正確的行為。

後來我才瞭解到事實的真相：樂樂遇到了難題，怎麼做都做不出來，他又很希望透過自己的努力去解決，於是產生了挫敗的情緒，自己對自己不滿意。而當他正嘗試去解決自己的情

緒和遇到的難題時，被我的關心打擾了，所以就情緒失控了。

這時候我才發現，我眼睛看到的情景和事實相差有多遠。

所以，覺察自己對孩子的評判是放下評判的第一步。你可以拿一張紙和一支筆，把你對孩子的負面評判全部寫下來，看看你的大腦裡累積了多少對孩子的評判，這些評判會在你和孩子相處的過程中，潛移默化地傳遞給孩子。

第二，主動詢問孩子行為背後的原因。

父母對孩子的評判都是基於孩子做的一件又一件的事情沒有達成父母的期待，甚至跟父母對孩子的一貫印象相背離。可是你要知道，孩子的行為一定有他的理由，主動詢問孩子行為背後的原因，有助於我們放下對孩子的評判。

有一次我過生日，家裏附近沒有我喜歡的生日蛋糕，就買了一個普通的核桃布朗尼蛋糕，又買了一些草莓和藍莓，打算簡單裝飾一下。

吃完午飯，正準備吃生日蛋糕。1 歲的雄雄離開我的身邊，走向廚房門，手剛放到帶有鉸鏈的那一側門框上，樂樂就喊「不准進來」，然後就開始關門。我還沒來得及反應過來，就聽到雄雄哇的一聲大哭起來。

我趕緊把雄雄抱起來，仔細查看，原來是他的大拇指被門夾住了，被夾的印痕很明顯，拇指也有點紅腫。雄雄哭得撕心裂肺。

（我很生氣，對樂樂說話語氣也不太好，對樂樂的行為有很多的評判。）

「之前是你說想要一個妹妹或者弟弟，媽媽才生的弟弟，可是現在你一點兒都沒有照顧好他。」

我心疼和憤怒的情緒完全被雄雄的哭聲觸發了。

我想起了我的弟弟小時候有一次差點被鐵門把小腳趾夾斷的可怕場景，我的恐懼被放大了。

樂樂有些愧疚地站在旁邊看我照顧雄雄，過了好一會兒才湊過來，對雄雄說：「對不起，弟弟。」

我的氣還沒消，因為雄雄還在大哭。

過了不到 15 分鐘，雄雄終於慢慢停止了哭泣。我讓樂爸用雄雄最喜歡玩的羽毛球拍吸引他的注意，雄雄向爸爸主動伸出雙手，開心地玩去了。

這個時候我才開始有精力來關注樂樂。

我問樂樂：「你當時為什麼要把門關上呢？」

樂樂指了指廚房檯面上的生日蛋糕，說：「因為我在準備裝飾生日蛋糕呀，我不想弟弟過來破壞。」

我這才注意到，樂樂剛才正在用草莓和藍莓裝點我買的核桃布朗尼蛋糕，而且裝點得很漂亮。

這個時候的我，才明白樂樂那一刻有多麼無辜。他只是著急阻止弟弟進入廚房，完全沒有想到他關門的動作會把弟弟的手夾住，畢竟弟弟的手是放在裝有鉸鏈的門的那一側，不是我們經常進出門的那一側，而這邊也會夾住弟弟手的常識他還不具備。

當我給他演示了弟弟的手是如何被夾住之後，他就明白了，以後他再做類似動作的時候，自然而然就會把這個因素考慮進去。

　　當時那個場景下的我，看不見樂樂這個行為背後的動機，也看不見樂樂不具備這個常識，更看不見他把弟弟的手夾到以後，他的內疚和慌張，我只會去評判他，「媽媽跟你講過你為什麼還會犯這樣的錯」。

　　因為這些都被我的憤怒掩蓋了。

　　我走近樂樂，對他說：「謝謝你給媽媽裝點的蛋糕，媽媽可以抱一下你嗎？」

　　樂樂點點頭。

　　我抱著樂樂，對他說：「你也沒有想到關門會夾到弟弟的手是嗎？」樂樂：我也沒有想到。

　　我：因為你沒有想到另一側也會夾到弟弟的手。

　　樂樂：是的。

　　我：媽媽要跟你道歉，媽媽因為太擔心弟弟的手，剛才對你說話很兇。

　　樂樂：沒關係，媽媽。

　　還好，我主動詢問了樂樂行為背後的原因，放下了對樂樂的評判，我們又和好了。

　　第三，多想想孩子行為背後的優點。

　　比如，樂樂把雄雄的手夾到這件事的背後，展現的其實是樂樂對我的愛。當我看到了這一層，我的氣馬上就煙消雲散了。

　　所以，你也可以想想你列出的過去對孩子的評判，背後的優點是什麼呢？比如，喜歡頂嘴的孩子，可能邏輯思維能力比

較強，也許可以成為一個非常優秀的辯論高手。那麼你還會覺得喜歡頂嘴這個行為完全不好了嗎？

當父母陷入對孩子的評判中時，看到的永遠是自己腦海裡面相信的，而不是真相。

比如，父母認為孩子就是喜歡撒謊，那麼即便孩子沒有撒謊，父母也不太敢相信孩子的話了，因為擔心自己又被「滑頭」的孩子給騙倒了。

比如，如果父母認為孩子就是調皮搗蛋，那麼即便孩子有安靜的時候，有聽話的時候，父母也看不到，因為所有的注意力都在孩子調皮搗蛋的行為上。

只有我們放下對孩子的評判，清空我們頭腦裡面對孩子的一些固有看法和印象，我們才有可能看到一個全新的、不一樣的孩子。

最後，我也想告訴大家，即便你發現自己列出的清單裡面，對孩子有很多評判，也是正常的。我們都不是完美媽媽，就像你們看到的，我也一樣，也不是完美媽媽，我也有對孩子生氣、誤解孩子的時候，但這不是我們停止成長的藉口。

看見自己真實的樣子，是為了明天能做得更好。

所以，**不用因為害怕看見自己不堪的樣子而不去面對，那樣你就錯過了跟孩子一起成長的機會。**

深度陪伴工具

不評判

放下對孩子的評判，才能瞭解事實的真相，才能看見孩子真正的樣子。

1・覺察自己對孩子的評判。

2・主動詢問孩子行為背後的原因。

3・多想想孩子行為背後的優點。

◆ 孩子無理取鬧的背後是未被看見的需求

成年人對孩子很容易有一種誤解，比如當孩子呈現出各種調皮搗蛋、無理取鬧的行為時，成年人就會認為是孩子的問題。因為成年人覺得，如果孩子有什麼需求，或者需要父母說明，可以用語言來表達，而不是用哭鬧和搗蛋的方式。如果想要什麼卻沒有直接告訴父母，那就是孩子的問題。

比如，一個 4 歲的孩子在傍晚哭鬧不已，很可能是因為在外面玩了一天沒有睡覺，太睏了，這個時候父母只需要抱住孩子，拍一拍、哄一哄，孩子很快就能得到安撫，隨即進入夢鄉。但是，往往孩子得到的卻是父母的訓斥：「媽媽陪你玩了一天了，你還鬧，還不滿足嗎？」當父母費了半天勁終於弄明白原來孩子是睏了時，又會埋怨孩子為什麼不表達自己的需求。

諾貝爾文學獎得主、捷克詩人雅羅斯拉夫·賽弗爾特曾經在《世界美如斯》這本書裡講過：

自古就有一種迷信，
認為童年不僅是天真的，
而且像是戴著快樂之花編成的花環，
只有幸福和無憂無慮。
但事實並非如此。
童年其實充滿了矛盾和疑慮，
充滿了不愉快的遭遇、變故和悲傷。
他們沒有說出來是因為，
他們還找不著適當的語言去表達。
是的，這才是孩子的真實世界。

孩子無法說出自己的感受和需求，不是因為他們不想，而是因為他們找不到適當的語言去表達。

所以，**如果父母想要看見孩子，瞭解孩子的真實感受和需求，第三個深度陪伴工具就是「說出孩子的感受和需求」。**

父母怎麼做才能幫助孩子說出感受和需求呢？

第一，優先關注孩子的情緒而不是行為。

通常情況下，父母首先注意到的都是孩子無理取鬧的行為，而不是伴隨著這個行為的感受。這需要我們不斷去覺察和調整。

有一天，一清早我就聽到樂樂在客廳喊「上學要遲到了」，

很著急的樣子，奶奶安慰他：「不會遲到，還早。」可是奶奶越是這樣說，樂樂越是著急，越著急，就越生氣。樂樂走了之後，不到 2 分鐘，就聽到門鈴聲響起，我猜他可能是忘了什麼。等樂樂氣喘吁吁爬上樓來時（可能是懶得等電梯了），我看到他一臉怒氣，氣得都要哭出來了：「哼，今天要穿運動服！都怪你們！」

我有點納悶兒地問：「今天為什麼要穿運動服呀？」

樂樂說：「我在路上看到其他學生都穿運動服，沒有人穿禮服，今天不是星期一。」

我才想起來，今天不是星期一，因為剛過完節有調休。早上樂樂問我今天穿禮服還是運動服時，我還特別肯定地回答「穿制服」。原來是我自己記錯了，我記成了今天是星期一。

樂樂特別生氣地說：「都怪你們，我要遲到了！」

這個時候奶奶又開始安慰他：「不會遲到，不會遲到！來得及。」

樂樂聽到奶奶的安慰，更加生氣了，帶著哭腔一邊跺腳一邊發脾氣：「哼！哼！」

我轉過頭去跟樂樂奶奶說：「媽，你不要說『不會遲到』這句話了，站在樂樂的角度，他就是覺得要遲到了，你越這樣否定他的感受，他越生氣。」然後我過去趕緊幫樂樂把運動服找出來。

在這個過程中，我對樂樂說：「你不想自己遲到，所以奶奶越是說『不會遲到』，你越著急是嗎？」

樂樂情緒平復了一些，回答：「是。」

我接著安撫樂樂：「你很認真地對待上學這件事情，媽媽

知道你是一個很有責任心的孩子，如果我是你，我也會很著急的。」

樂樂這個時候已經不發脾氣了，開始專注地換好衣服。我趕緊幫他把紅領巾繫上。

等他換好衣服，我抬頭看了一下牆上的時鐘，還有 12 分鐘。我說：「你看，現在我們專注解決完問題，還有 12 分鐘。」樂樂聽完，沒有再繼續生氣，趕緊上學去了。

第二，不斷豐富自己的情緒詞彙庫。

很多父母自己都無法用語言去精準表達自己的感受，這是因為他們的情緒詞彙庫太匱乏，所以父母要不斷豐富自己的情緒詞彙庫，這樣才能夠準確地說出孩子的感受。

比如，孩子常見的情緒會有「開心」、「生氣」、「傷心」、「害怕」、「憤怒」、「失望」、「擔心」、「無奈」、「煩躁」、「著急」、「緊張」、「驚訝」等，可以把這些情緒詞彙列印下來放在醒目的位置，提醒自己。

第三，用「我知道你⋯⋯（感受）」的句子說出孩子的感受和需求。

「我知道你很生氣」。

「我知道你很害怕媽媽評判你」。

「我知道你想要那個玩具，媽媽沒有給你買你很失望」。

學會用這個簡單的句式，就可以很輕鬆地說出孩子的感受和需求。

如果孩子的感受和需求一直不被看見，本來是一件很小的

事情，也可能會不斷升級，最後導致孩子的表現在父母眼中就會變成無理取鬧。但是如果父母能夠識別出孩子行為背後的感受和需求，並且準確地說出孩子的感受和需求，對於孩子來說，就像一扇門突然打開，一束光從外面照進來，他的負面情緒和需求被「看見」這束光照見了。此時，孩子的負面情緒很快就會得到釋放，自然也就很快能恢復本來的可愛樣子了。

所以當孩子還找不到適當的語言去表達他們的情緒和感受時，父母一定要成為那個能夠幫助孩子說出自己感受和需求的人。

深度陪伴工具

說出孩子的感受和需求

說出孩子的感受和需求，無理取鬧的孩子很快就能恢復原本可愛的樣子。

1・優先關注孩子的情緒而不是行為。

2・不斷豐富自己的情緒詞彙庫。

3・用「我知道你……（感受）」的句子說出孩子的感受和需求。

◆你想要的孩子就在你面前，你卻看不見

樂樂上幼稚園的時候，有一次幼稚園老師特別委婉地對我說：「樂樂媽媽，我在你的朋友圈看到的樂樂，好像跟我在幼稚園看到的樂樂不是同一個人。」

我很好奇，老師這樣說一定事出有因。

跟老師溝通後，我才知道，是因為有一次我帶著樂樂一起去參加一個演講俱樂部的活動，樂樂當著幾十位陌生的叔叔阿姨的面，自告奮勇要上臺演講。這是樂樂第一次站在臺上當著那麼多陌生人的面去做即興演講，我覺得特別有意義，就把這個經歷記錄了下來，分享到了朋友圈。

老師看到之後，覺得不可思議。老師告訴我，樂樂在幼稚園不敢舉手回答問題，即便是老師點名讓他回答問題，他也是非常緊張，半天不說話。如果老師再問，樂樂就會急得哭出來。所以在老師眼裡，樂樂是一個內向、膽小、害羞、愛哭的孩子。

當時我也很困惑，為什麼樂樂跟我在一起時，和在學校時的表現差異這麼大呢？

後來透過不斷跟老師溝通，再結合我的觀察，我才發現問題的根源。

樂樂是一個特別敏感的孩子，他會非常敏銳地捕捉到環境裡面的氣氛。當氣氛是包容的、不著急的、接納的，他就會非常積極活躍。可是一旦他感覺到氣氛是緊張的、著急的、帶著評判的，他就會變得非常緊張，會退縮。

而且樂樂是一個思考型的孩子，別人拋出一個問題後，他會比較深入和完整地思考，因此需要思考一下才能回答，通常

這個時間需要 30 秒以上。而在學校環境中，課堂時間有限，老師通常會等孩子思考 5 ～ 10 秒，如果孩子沒有開口，就會再問一次，或者認為孩子不會，請另一個孩子來回答。當樂樂思考的節奏被打亂時，就會開始緊張著急，慢慢地就本能地對在課堂上回答問題產生了抗拒。

但是跟我在一起時，我沒有時間的要求，會給他足夠的時間去思考，所以我從來不覺得他不喜歡回答問題，也沒有想過，在老師眼中，這會成為一個問題。

在生活中，我們確實很少會看到一個孩子需要那麼長時間去思考，但這並不代表這樣的孩子就很少，而是這樣的孩子都變成了「沒有存在感的人」。所以無論是父母還是老師，都會把這樣的現象歸因為孩子膽小內向，不敢回答問題，從而讓很多喜歡深度思考的孩子沒有機會去展現自己的天賦和能力。

後來，我無意中看到美國特斯拉創始人伊隆·馬斯克接受採訪時的影片，他在面對主持人的問題時，通常會先沉默，思考 30 ～ 60 秒之後，再回答主持人的問題。以至於好幾次，主持人都忍不住打斷他的節奏，問他是不是不知道如何回答，他微笑著說：「不是的，我只是需要思考一下，才能給你更完整的回答。」

那一刻，我找到了安慰和共鳴，也讓我特別感慨。父母都喜歡培養一個喜歡深度思考的孩子，可是當這樣一個孩子出現在我們面前時，我們卻看不見，反而認為孩子不積極主動、膽小害羞。這種矛盾點，作為父母，我們無法透過改變環境去解決，但是我們一定可以透過深度陪伴去讓自己的孩子被看見。

　　很多父母總覺得自己的孩子滿身缺點，習慣性地覺得別人家的孩子好。其實有很大的一種可能是，你想要的孩子就在你面前，而你卻看不見。如果父母能夠放下對孩子先入為主的評判，也許更容易看見孩子真正的樣子。

　　每一個生命都需要被看見，我們的孩子尤其是，因為他們可以在別人的看見中照見自己。

　　想要幫助孩子成為更好的自己，就要透過看見孩子本來的樣子，讓他們慢慢去發現自己是誰。就像米開朗基羅對自己的作品「大衛」所做的那樣，幫助孩子釋放他們的自我。

接納：接納孩子本來的樣子

　　很多父母無法接納孩子的缺點，也無法接受孩子總是不按照自己「好心」的建議去做，更無法接受孩子表現不好，成績不優秀，比別的孩子差。

　　這會讓孩子產生一種「父母不愛我」的感覺，甚至產生「我到底是不是他們親生的孩子」的困惑，導致孩子和父母的關係從親近逐漸走向疏遠。

　　有的父母會誤以為，告訴孩子他表現得很差勁，才可以讓孩子產生想要表現更好的動力，但其實這反而會讓孩子表現得越來越差。因為孩子的感受是，自己即便努力了，父母也看不到，所以無論怎麼努力都沒有用。而很多父母不知道的是，雖然孩子看起來表現得沒那麼好，但其實孩子已經努力了。

　　所以，只有接納孩子本來的樣子，孩子才可能變得越來越好。無論現在孩子在你的眼裡滿是缺點，還是總是做不好一件事，或者總是比別的孩子表現得差，他們都值得被接納。

　　下面分享三個「接納」孩子的深度陪伴工具和方法，幫助父母透過「接納」孩子的方式去修復和加固親子關係。

◆ 界限清晰，認清孩子的需求

「有一種冷叫作爹媽覺得你冷」、「有一種餓叫作大人覺得孩子餓」，這種調侃的背後，本質上反映了很多父母和孩子之間界限不清晰的問題。

如果孩子持續在這樣的養育環境中長大，會發生什麼呢？

首先，孩子會欠缺表達自己需求的能力。因為孩子在生活中根本沒有機會去表達自己的需求，所有需求在還沒有張口之前，就已經得到了滿足。

其次，孩子會覺得這個世界是以自己的意志為中心的，甚至都不需要動用自己的意志，這個世界就會自動幫助自己把接下來可能會遇到的問題全部規避掉、解決掉。

所以，這樣的孩子一旦在生活中遇到困難，或者需求沒有被滿足，就會變得躁狂。因為他不知道如何去面對這樣的情況，以前也從未遇到過。在他的世界裡，根本不應該出現這樣的情況。

這樣的孩子還會覺得所有的問題都是他人和外部世界的問題。因為小時候遇到問題時，都有人幫他解決，為什麼長大後就要他自己去解決問題？

隔代養育中界限不清晰的問題更加明顯。因為隔代親，所以尤其關懷備至。往往孩子還沒來得及發現問題，老人已經把解決方案雙手遞過來了。

無論是父母還是老人，對待孩子界限不清晰的本質是，大人把自己的需求和感受，跟孩子的需求和感受混為一談了，大人沒有接納孩子是一個獨立的個體。孩子有自己的感受和需求，

跟大人的感受和需求不一樣。

　　如果父母想要真正做到接納孩子，第一個深度陪伴工具就是「界限清晰」。只有父母和孩子之間在感受和需求上劃清界限，孩子才有可能成為他自己，而不是父母感受和需求的「複製品」。

如何才能做到「界限清晰」呢？

第一，不要著急去否定孩子或者要求孩子。

　　很多時候，父母會下意識地去否定孩子的感受，以及孩子的想法和做法，甚至要求孩子按照我們認為正確的方式去做。

　　有一天吃早餐，樂樂在吃雞蛋餅，爺爺在廚房煎餅。

　　奶奶：這個涼了，你趕緊讓爺爺幫你把這個餅熱一下。

　　樂樂：（頓時不高興了）奶奶，這個一點兒都不涼。

　　奶奶：放了很久了，早就涼了，熱一下又不麻煩。

　　樂樂：我剛吃了，是熱的，不涼。

　　　我：（對奶奶說）媽，你給樂樂一些空間讓他自己去發現問題。就算是涼的，等他自己發現了，主動想解決方案，比在他還沒有發現問題之前告訴他，對他的成長更有幫助。

　　　我：（對樂樂說）樂樂，媽媽剛才對奶奶說的話是不是你心裡希望說的？

　　樂樂：是。

　　　我：好，那媽媽完全理解你，我們好好跟奶奶說，奶奶也會理解你的，你對奶奶說話時注意一下語氣，平

　　　　　和一點。

　　樂樂：好。

　　當奶奶否定樂樂的感受時，樂樂是非常不高興的，也不願意按照奶奶的建議去做，但是當我尊重樂樂的感受時，他就能夠平靜下來，傾聽我的建議。要給孩子嘗試錯誤的機會，不要渴求孩子做任何事情都第一次就能決策正確。

　　第二，想一下這是孩子的需求還是自己的需求。

　　當我們不著急做出反應或者行動時，我們才有思考的時間。

　　停下來想一下，這是自己的需求還是孩子的需求呢？

　　樂樂真的覺得雞蛋餅涼了嗎？

　　如果樂樂真的覺得涼了，他自己就會說不想吃了，或者就算吃了，感受也不會太好。當然如果擔心孩子不會表達，可以友善地提醒：「如果你覺得雞蛋餅涼了，可以找爺爺熱一下；如果你覺得不涼，那就直接吃。」

　　這樣就是界限清晰的父母。

　　為什麼我反復強調，育兒無大事，因為育兒中的所有事都能還原到生活中每一個小小的場景中。同時，我也反覆強調，育兒無小事。因為如果其中一個小場景你沒有處理好，沒關係，對孩子沒有什麼大的影響，但是，如果這樣的小事日復一日地發生，對孩子的影響就會像滾雪球一樣越來越大，越來越大。

　　所以，在我們陪伴孩子的每一天，既不要因為一點小事沒處理好就苛責自己，也不要因為這件事情雖然處理欠妥但對孩

子當下沒影響，就抱有僥倖心理。

　　深度陪伴，就是把每一個育兒的小場景，都當作一面鏡子，不斷去照見自己，覺察自己的養育行為，在不斷覺察中穩步提升。

深度陪伴工具

界限清晰

能夠分清哪些是孩子的感受和需求，哪些是自己的感受和需求，是為人父母最基本的素養。

1・不要著急去否定孩子或者要求孩子。

2・想一下這是孩子的需求還是自己的需求。

◆ 你眼中孩子的缺點，都源自你自己的預言

　　大多數父母都特別容易看到孩子的缺點，不容易看到孩子的優點，所以雖然心裡很愛孩子，恨不得把心掏出來給孩子看，

但是在陪伴孩子的過程中，會不自覺地散發出一種「我覺得你很差勁」的負面能量。

當孩子感受到這種「媽媽覺得我很差勁」的負面能量時，就會陷入嚴重的，不被愛的情緒內耗中，沒有辦法集中精力做好事情，會用各種方式向父母索取愛。

在這樣的環境中長大的孩子，是感受不到父母的接納的。只有當孩子跟父母相處時，無論孩子的行為如何，無論孩子身上看似有多少缺點，孩子都能夠感受到父母的理解、包容和愛，父母才真正做到了接納。

所以，想要做到真正接納孩子，第二個深度陪伴工具就是「接納缺點」。

怎樣才能接納孩子的缺點呢？

第一，告訴自己，看到的孩子的缺點，未必是真相。

真相很可能是孩子的優點遠遠多於孩子的缺點，還有可能是自己把孩子的缺點放大了。這兩個理由可以幫助你更快地接納孩子的缺點。

為什麼明明孩子有很多優點，但是作為父母，卻更容易看到孩子的缺點呢？

這就跟我們每個人與生俱來的自戀有關。國內知名的心理學家武志紅曾說過，在心理學上，一個人自戀的常見表現分為兩層：

第一層自戀：我是對的。所以，我說了事情是怎樣的，就會把事情朝那個方向去推動，用這個去證明，我說的是對的。

第二層自戀：我比你強。在關係中，有一種自戀叫作我高

過你。因此，我地位高、你地位低的格局才會讓我自在舒服。

當我們處在自戀的模式裡，就很容易覺得自己是對的，孩子是錯的，我們會把問題歸因於孩子的某個缺點。當我們這樣做時，其實就是對孩子發出了一個預言，「你就是拖拖拉拉」、「你就是做事不專心的」、「你就是脾氣暴躁的」、「你就是喜歡撒謊」。

一旦我們發出了這些預言，為了維護「我是對的」這份自戀，我們的注意力就會集中在那些符合我們預言的資訊上，而那些不符合我們預言的資訊，就會被忽略。這樣一來，我們看到的世界，看到的孩子的形象，就符合了自己的預言。

這個在心理學上被稱為**「自我實現的預言」**。也就是說，我們看到的世界，其實都基於自己的預言。因為先有了這個預言，所以這個世界就圍繞著我們的預言展開，最後真的變成了自己預言的那個樣子。

父母眼中「孩子的缺點很多」未必是真相。父母要學會區分，自己眼中孩子的缺點是真相，還是被「自我實現的預言」放大的假像。

第二，告訴自己，每個人都有缺點，有缺點是正常的。

很多父母無法接受自己孩子某方面的缺點，其實很可能他們也無法接受自己身上有這樣的缺點。

所以，作為父母，我們要告訴自己，每個人都有缺點，有缺點很正常，這樣我們才能接納自己不是一個完美的人，才能接納自己身上那些所謂的缺點。當我們做到了這一點，再去接納孩子身上的缺點會相對容易很多。

第三，告訴自己，缺點的背後可能恰恰是孩子的優點。

我在大量的家庭諮詢案例中發現一個有趣的現象，幾乎絕大部分的孩子在媽媽眼中的缺點，都是孩子的某個優點引起的。

比如，媽媽認為孩子沒有自我管理能力，做事情沒有計畫性，做作業拖拖拉拉，可能真相反而是這個孩子自我管理能力太強，希望按照自己的方式去安排學習和作業時間，但是媽媽的自我管理能力也很強，不自覺地會用自己的方式去要求孩子，所以孩子無法按照自己的意願管理自我，內心有牴觸感，才出現了看起來自我管理能力很差的各種表現。

再比如，一個孩子反應比較慢，半天回答不上來老師的問題，這看似是孩子的缺點，但真相也許是孩子的思考比較深入，具備深度思考的能力，所以比其他孩子需要更多時間。這樣一來，缺點就變成了優點。

有一次，一位媽媽跟我說她的孩子專注力缺失，上課愛說話，不認真聽講，被同學投訴。而真相是這個孩子本身是一個高能量的孩子，大運動能力特別強，當孩子的能量太高沒有被充分釋放時，就會出現媽媽眼中的專注力缺失的情況。其實是孩子的運動天賦沒有被看見。

當我們真正不再因為孩子的缺點而焦慮煩惱時，會更容易看到事情的真相，看到孩子的優點。

記住，**真正阻礙孩子變優秀的，不是他們身上的缺點，而是我們無法接納這些缺點。**孩子的優點和缺點就像光和影，有光的地方就有陰影，有影子的地方也必然有光。

深度陪伴工具

接納缺點

學會區分你眼中孩子的缺點是真相，還是被「自我實現的預言」放大的假像。

1・告訴自己，看到的孩子的缺點，未必是真相。

2・告訴自己，每個人都有缺點，有缺點是正常的。

3・告訴自己，缺點的背後可能恰恰是孩子的優點。

◆ 抗拒的背後是感受沒有得到認同

當孩子抗拒做某件事時，很多父母都會試圖說服孩子。

比如，孩子不想做作業，父母就告訴孩子做作業的重要性，不做作業的後果，作業和孩子的未來之間的關係等各種大道理。

如果孩子上課靜不下來，父母就告訴孩子為什麼上課不能動來動去。

會講動來動去會影響班級紀律，會導致學習效率低下等道理。

你會發現，這些大道理有時候管用，但大多時候不管用，孩子還會覺得你特別嘮叨。時間久了，會摀住耳朵不想聽，大了以後乾脆躲進屋裡把房門關上，耳朵摀住他不想聽的大道理。

　　這是因為，道理是你的，不是孩子的，孩子在不想做的那個當下，更在意「感受」。忽略孩子的感受，試圖用道理去說服孩子，本身就是不接納孩子的表現，沒有得到父母接納的孩子，做出抗拒的行為，再正常不過了。

　　所以，想要做到真正接納孩子，第三個深度陪伴工具就是「認同感受」。如果孩子的感受沒有得到認同，迎來的反而是父母狂轟濫炸的「大道理」，那孩子當然是抗拒的。

怎樣才能做到認同孩子的感受呢？

第一，具備基本的情緒常識。

　　如前文所講，父母需要具備一些基本的情緒常識，能夠對一些常見的基本情緒有一些瞭解。比如生氣、憤怒、傷心、難過、害怕、委屈、失望、無奈、尷尬、開心、興奮、自責、煩惱、內疚、苦惱等。只有父母對情緒有基本的認知，才能敏銳地察覺到孩子的情緒變化。

第二，識別孩子的感受。

　　當父母有了基本的情緒常識後，才有可能透過孩子的行為識別出孩子的感受是什麼。很多父母在孩子沒有完成作業很內疚時去指責孩子「你怎麼沒有完成作業」，其實就是因為父母無法識別孩子的感受。此時孩子的感受是「內疚」，父母卻認為孩子的感受是「厭煩」，導致彼此心靈距離變遠。

第三，表達對孩子感受的認同。

　　二寶雄雄一歲半時，疫苗有好幾針延遲了沒打，所以連續一個月，每週都要去診所打一次疫苗。

在診所裡，很多同齡的小朋友還沒開始打疫苗就已經哭得撕心裂肺了，要好幾個大人按著才能勉強打完，但是雄雄從來不抗拒，也不害怕。我們排隊時，他能看到前面小朋友發生了什麼，因為什麼哭，我們也不會刻意讓他回避針頭，但是他打針時非常配合。針頭進入到皮膚的那一瞬間會疼，他會「哼」幾下，隨著針頭從皮膚裡拔出來，抱抱他、親親他，雄雄很快就能恢復平靜。

我做了什麼呢？我只做了一件事情，那就是認同雄雄的感受。

我會提前跟雄雄說：「待會兒打疫苗的時候會有一點疼，不過這種疼你是完全可以承受的，媽媽會一直抱著你，你很安全。」打完疫苗之後，我會對雄雄說：「有點疼是嗎？是的，剛才媽媽跟你講過，打疫苗會有一點疼，媽媽抱抱。」

在很多媽媽看來，小寶寶怕打針好像是正常的，其實並不是。即便是小寶寶，他們面對打針，也有足夠的承受能力。大部分小寶寶面對打針會抗拒，會哭鬧，不是他們無法承受打針的疼，而是他們的感受不能被理解和認同。

想想打疫苗的時候，父母一般會對孩子說什麼呢？「寶貝兒，不要怕，一點兒都不疼。」

第一次打針，孩子相信了父母的話，無所畏懼地去了，結果發現很疼，於是大哭，父母安撫孩子：「你是勇敢的寶寶啊，不要哭啦。」於是，從那以後，孩子看到要打針就趕緊逃，趕緊躲，使出全身的勁兒去抗拒打針。因為父母對「打針會疼」的感受的否定，以及對「打針讓人感到害怕」的感受的否定，

讓孩子感到不安全，感到恐懼，所以他才會抗拒。

很多時候，無論大人如何勸說，孩子就是不願意去做那件事情，不是因為大人講得沒有道理，而是因為大人關注的是自己的需求，而沒有看到孩子在那個當下的感受是什麼。

當孩子的感受能夠被認同，他就不會那麼抗拒去做一件事，甚至會更願意邁出勇敢的一步去嘗試之前不願意嘗試的事情。

這就是「認同感受」的力量。

陪伴孩子的過程中，看似孩子總是做出和我們的期待相反的行為，其實這些行為的背後，都是在呼喚愛。孩子只是需要我們理解和認同他們的感受。孩子內在的力量很大，只要感受到了認同，他們的內在力量甚至可以比我們成年人還大。

深度陪伴工具

認同感受

當孩子的感受能夠被父母認同，他們就不會那麼抗拒去做一件事，甚至會更願意邁出勇敢的一步去嘗試之前不願意嘗試的事情。

1・具備基本的情緒常識。

2・識別孩子的感受。

3・表達對孩子感受的認同。

安撫：安撫孩子的心靈

很多孩子缺乏安全感，是因為在他們最需要被安撫的時候，父母不在身邊。

樂樂出生時因為羊水污染，被醫院下了病危通知書，一個人在醫院的無菌病房待了一週多才出院。這期間不准探視，家人每天只能透過醫院走廊上的大螢幕看到孩子在病房的情況，所以樂樂出院時嗓子都哭啞了。

都說月子裡的孩子是最好帶的，除了吃就是拉和睡。但是樂樂在月子裡面很少睡覺，時刻都要我抱著，睡 20 分鐘就要睜開眼睛看看媽媽在不在，然後又繼續睡，如此反覆。那個階段我是最辛苦的，但是看到孩子這麼沒有安全感，我更多的是心疼，於是我就用西爾斯親密育兒法裡面提到的背巾，整天把他抱在懷裡，時刻跟我在一起，像個小樹袋熊一樣。就這樣過了 4 個月，他的安全感才慢慢好起來。

我知道，那是因為他來到這個世界的最初 7 天，在他最需要安撫的時候，我不在他身邊。所以在樂樂 6 歲前，我花了很多精力去安撫高需求的樂樂，也讓樂樂缺失的安全感一點點補

了回來。

這就是「安撫」對於構建親密牢固的親子關係的重要性。下面分享四個安撫孩子心靈的深度陪伴工具和方法，幫助父母學會通過安撫孩子來修複和加固親子關係。

◆ 成為孩子的情緒穩定器

《遊戲力》的作者勞倫斯·科恩 (Lawrence J.Cohen) 在他的書裡提到過他在八年級時做過的一個實驗：

在第一步實驗中，他把剛出生幾天的小雞一隻一隻地輕輕捧起來，死死地盯著它們的眼睛，就像老鷹盯著獵物的樣子。等他把它們放下時，小雞嚇得僵在地上不動了，開始裝死。大約 1 分鐘後，才蹦起來，開始四處走動。

在第二步實驗中，他同時嚇唬兩隻小雞，結果它們一起裝死，大約持續了 5 分鐘。也就是說，它們一起裝死的時間，比第一步實驗中單獨裝死的時間要長得多。

接下來在第三步實驗中，他在嚇唬一隻小雞的同時，讓另外一隻在旁邊閒逛，結果被嚇的這只小雞僅僅在地上躺了幾秒鐘就蹦了起來。

通過這個實驗，科恩發現：受驚的小雞會觀察第二隻小雞在幹什麼，以此來判斷環境是否安全。

如果第二隻小雞在歡快地四處溜達，那麼第一隻小雞就像接收到了安全信號一樣，覺得第二隻小雞沒有害怕，而且也沒有被吃掉，一定沒危險，所以就站起來了。如果第二隻小雞也在裝死，那麼第一隻小雞可能就會想：雖然自己沒看見老鷹，

但是第二隻小雞肯定看見了，所以它不起來，那麼我最好也老實地躺著別動。

假設我們的孩子是那隻被嚇唬的小雞，那麼距離孩子最近的「第二隻小雞」就是我們——孩子的父母。

因此，孩子在焦慮或者恐懼時，父母的狀態會直接影響孩子的焦慮或者恐懼程度。

所以，父母想要安撫好孩子，第一個深度陪伴工具就是做孩子的「第二隻小雞」。

要想做好孩子的「第二隻小雞」，大人需要做到以下兩點：
第一，不要遇到一點事就驚慌失措。

很多父母自己本身就容易驚慌。生活中任何一個意外，都能讓他們大聲尖叫，或者半天緩不過來，更別說騰出精力去安撫孩子了。

第二，深呼吸，讓自己先鎮定下來。

即便我們心裡有點慌，有點害怕，有點不知所措，在孩子面前，也要故作鎮定，因為孩子的情緒穩定性取決於我們的反應。深呼吸可以幫助我們更快地平靜下來。

我記得樂樂上幼稚園的時候，有一次我帶他去附近的一個公園，裡面的一個小湖上有一座用很粗的麻繩做的吊橋。在吊橋上走時，需要雙手扶著兩邊同樣用粗麻繩做的護欄。護欄上全部都是很大的洞，走過去的時候，吊橋晃悠悠的，特別嚇人。可是樂樂非要去走那座吊橋。

如果我說「媽媽很害怕，吊橋太嚇人了」，那樂樂肯定就不會去走了。但這樣雖然我省事了，卻會給樂樂的內心設置一個很大的限制，「吊橋很危險，不能走」。其實吊橋還是安全的，只是走上去有些刺激、有些嚇人而已。所以我強裝鎮定，在心裡一邊喊著，「好嚇人啊」，一邊又告訴自己，「淡定淡定，慢慢走，很安全，沒事的，我是孩子的『第二隻小雞』」。

我讓樂樂走在我的前面，樂樂剛走兩步，感覺到吊橋晃悠悠的，就有些害怕，不敢走了。我深吸一口氣，儘量做出一個很自然的微笑，對他說，「這個吊橋好好玩呀，就像盪秋千一樣，只要你雙手扶好護欄，往前大膽走就好，媽媽在後面保護你，很安全的。」

樂樂馬上就放鬆了下來，很快就走到了對岸。有了一次成功的體驗，他還要再走，我只好陪他一遍又一遍地走。走到最後我兩腿發軟，但是看到樂樂突破了內心的恐懼，很有成就感，我也特別開心。

父母是孩子的情緒穩定器，**不論孩子多麼焦慮，多麼害怕，甚至多麼憤怒，只要父母能夠當好孩子的「第二隻小雞」，孩子就能夠放鬆下來，平靜下來。**這個時候，他們才能夠聚焦精力去創造，去發展自己的能力，去面對挑戰。

深度陪伴工具

做孩子的「第二隻小雞」

父母當好孩子的「第二隻小雞」，就能夠成為孩子的情緒穩定器。

1‧不要遇到一點事就驚慌失措。

2‧深呼吸，讓自己先鎮定下來。

◆ 多擁抱孩子，不要讓孩子「皮膚饑餓」

父母總覺得，給孩子買最健康的食物、最舒適好看的衣服，送孩子上最好的學校，給孩子報最好的培訓班，帶孩子到處去旅行，就是對孩子好。但是你知道嗎？就算這些你都滿足了孩子，但是很少擁抱孩子或進行身體安撫，你的孩子也一樣會生病，這種病叫作「皮膚饑餓症」。

皮膚饑餓是指所有的溫血動物一生下來就有被觸摸的需求。如果這種需求被剝奪，就會導致生長遲緩、智力低下以及安全感缺乏。這類孩子往往會自發地咬手指、啃玩具、哭鬧不安，甚至頭或身體會亂碰亂撞，這都是「皮膚饑餓」的表現。而避免「皮膚饑餓」的最好方式，就是每天給孩子大量的擁抱，越多越好，而且孩子越小，越需要更多的皮膚接觸。

　　第二次世界大戰剛結束時，法國有個孤兒院因為接收的棄嬰太多，保育員的人手不夠，只好採用「自動哺乳法」來餵養嬰兒。自動哺乳就是把奶瓶放在機械的自動哺乳架上，給每個嬰兒配一個自動哺乳架，嬰兒餓了時，自動哺乳架會把奶瓶塞進他們的嘴裡，不需要保育員餵奶。

　　過了一段時間發現，這些嬰兒雖然都能吸到奶，不缺乏營養，但都好哭鬧，容易生病，發育不良，死亡率很高。後來經過心理學家的指點，孤兒院增加了一些保育員，規定餵奶時都要把孩子抱到懷裡，結果嬰兒死亡率大大降低。

　　但是，很多父母會把孩子釋放的需要擁抱信號——哭泣——當作一種煩惱或者「不好的習慣」，所以總是故意不去滿足孩子，甚至指責孩子，讓孩子自己哭個夠，認為哭久了孩子就會自動放棄這種需求。

　　也許你也有過這樣的事，但是我相信，當你知道了「皮膚饑餓」的概念，你一定會特別心疼自己的孩子。

　　我記得二寶雄雄出生的時候，醫生在產房給他做好各種處理和檢查之後，第一時間就把雄雄放到我的胸前，讓他馬上跟我進行皮膚接觸，這樣剛出生的寶寶就會特別有安全感。

　　我們去觀察 2 歲以下的小寶寶就會發現，任何時候孩子哭鬧，除了餓了、睏了、尿了、拉屎了之外，你把孩子抱起來，孩子就會用手摸摸你的耳朵，用手指尖兒一點點捏你手臂上的肉，其實這是孩子跟你皮膚接觸的一種方式。如果你再親親孩子的小臉，或者用臉去貼著他的小臉或者額頭，孩子很快就能平靜下來。

　　即便是上小學後的孩子，也依然需要擁抱。樂樂已經 11 歲

了，雖然不需要像弟弟雄雄那樣每天都要抱很多次，但是每當他心情不好的時候，有情緒的時候，我都會問他，你需要媽媽抱一抱嗎？這個時候我的擁抱會給樂樂很大的安撫。

所以，想要做好對孩子的安撫，第二個深度陪伴工具就是「擁抱」。

不過，擁抱也是有方法和技巧的，千萬不要敷衍孩子。

第一，擁抱孩子時，要發自內心地安撫。

有些父母對擁抱很敷衍，雖然動作上是在擁抱孩子，但是內心其實是有抗拒的，並不是那麼情願去安撫孩子。這個時候，孩子能感受到。

第二，擁抱孩子時，要全身心投入。

給孩子擁抱時，一定要全身心地擁抱孩子，不要一邊擁抱孩子，一邊還想著工作，看著手機，一定要用心感受透過擁抱和孩子建立的情感聯結。

從今天開始，抓住一切機會多去擁抱你的孩子吧，不要嫌次數多，越多越好，這是安撫孩子最簡單又最有效的方式。

深度陪伴工具

擁抱

擁抱是安撫孩子最簡單又最有效的方式。

1‧擁抱孩子時,要發自內心地安撫。

2‧擁抱孩子時,要全身心投入。

◆ 沉默和忽視,是對孩子最大的傷害

我經常對父母們說,如果你們想傷害孩子,很簡單,不需要說任何難聽的話,也不需要打罵他們,沉默和忽視已經夠給他們帶來創傷了。

但是如果你們愛孩子,請千萬不要這樣做。

不論孩子是哭泣、哭鬧還是對你耍狠、說一些惡毒的話,這些行為背後都是在呼喚「父母的及時回應」,都是在呼喚愛。

當孩子的呼喚得到了及時回應,父母給了孩子擁抱,看見了孩子的感受和需求,孩子很快就會恢復到他活潑可愛的正常樣子。

所以,想要做好對孩子的安撫,第三個深度陪伴工具就是**「及時回應」**。

如何才能做到及時回應呢？

第一，識別孩子需要及時回應的信號。

當孩子大哭大鬧、在地上打滾兒、破壞東西、大喊大叫、對父母說一些惡毒的話、生氣跑開時，都是需要父母及時回應的信號。

我曾在參加一位朋友舉辦的聚會時，認識了一位媽媽。她告訴我，她們家孩子 6 個多月，特別黏她，現在她已經準備要返回職場了，問我這種情況要怎麼辦。

跟這位媽媽溝通後，我發現，她為了返回職場，正在給孩子做睡眠訓練。而她用的睡眠訓練方法，剛好就是源自美國早已被心理學證明對孩子身心傷害極大並且惡名昭著的「哭聲免疫法」。

具體做法就是，晚上孩子要睡覺了，就把孩子放在小床上，不抱孩子。孩子肯定不睡呀，這位媽媽就啟動「哭聲遮罩機制」，不聽孩子的哭聲，任由孩子哭得撕心裂肺。第一天媽媽不理孩子，孩子可能會哭 1 ～ 2 個小時，第二天媽媽不理孩子，孩子可能只哭 1 個小時，第三天，孩子可能只哭半個小時。一週以後，孩子就不哭了。媽媽把孩子放進小床，開心地跟孩子說晚安，孩子自己就抱著自己的小布偶或者安撫巾乖乖睡著了。

這看起來是不是一件想想就無比美妙的事？孩子睡得香，媽媽也解放了時間，兩全其美呀！

但真相是，嬰兒在媽媽不理自己的這段時間裡，感受到的是強烈的被拋棄感和巨大的恐懼感。這份被拋棄感會讓小寶寶誤認為，媽媽是不會滿足自己的需求的，媽媽拋棄了自己，這個世界拋棄了自己，因此嬰兒在逐漸的絕望中慢慢不再哭泣了。

不是因為他學會了自主入睡，而是因為他放棄了「透過哭泣去喚起媽媽的回應」。

我很心疼這個小寶寶，但是當我跟這位媽媽講「哭聲免疫法」對孩子的危害時，這位媽媽一心想的是怎麼快點返回職場，所以完全聽不進去。我沒有繼續去勸服，只能在心裡為這個小寶寶感到心疼。

媽媽愛自己沒錯，這也是我鼓勵的，但是愛自己和讓孩子感受到被愛，其實一點兒不矛盾。我們完全有更好的方法，讓自己有更多的時間和睡眠，也可以讓孩子不被傷害。如果孩子從小在內心就種下一顆「絕望」的種子，未來要負責的還是父母自己。

第二，不要跟孩子計較。

很多父母在孩子釋放需要及時回應的信號時，很容易跟孩子計較。比如，孩子說惡毒的話，父母就用同樣惡毒的話回應孩子；孩子生氣跑開，父母就裝作沒看到，讓他害怕了自己回來，這些都是非常破壞孩子安全感的事情。

我曾經認識一位媽媽，為了孩子回歸家庭全職陪伴孩子成長。孩子 5 歲時，有一天，因為跟媽媽生氣，對媽媽說了一句特別惡毒的話：「媽媽，我希望你出門的時候被汽車撞死。」

就是這句話，擊穿了這位全身心陪伴孩子成長的媽媽的內心。媽媽傷心欲絕地跟我說，她感到多麼傷心，多麼不值得，多麼懷疑自己的育兒能力。

我對這位媽媽說，其實孩子這樣說僅僅是在表達他生氣的情緒而已，並不是真的因為討厭你而去詛咒你，孩子要的僅僅

是你的「及時回應」而已。

後來，這位媽媽嘗試在孩子再次說出這種話的時候，努力調整自己情緒，對孩子說：「媽媽知道你很生氣，不論你對媽媽說多麼狠的話，媽媽都依然愛你。」

結果呢？

頭一秒還生氣地緊攥著拳頭對媽媽說著狠話的孩子，下一秒就柔軟了下來，接受了媽媽的擁抱，跟媽媽和好了。

所以，不要跟孩子計較。

第三，回應孩子時多關注孩子的感受。

比如剛才提到的那位使用哭聲免疫法的媽媽，她顯然只關注到自己的需求，沒有關注到孩子的感受，所以她的陪伴還處在「傳統陪伴」層次。如果你看到孩子在地上打滾兒，你不一定要勸他起來，但是你可以用我們前面分享過的「說出感受和需求」的方法讓孩子感受到被理解。

記住，沉默和忽視，是對孩子最大的傷害。

深度陪伴工具

及時回應

當孩子哭鬧、發脾氣、耍狠、說惡毒的話時，他們是在呼喚父母的「及時回應」。不要沉默，不要忽視孩子釋放的信號。

1・識別孩子需要及時回應的信號。

2・不要跟孩子計較。

3・回應孩子時多關注孩子的感受。

◆ 任何時候，都可以用「道歉」來修復親子關係

有的父母因為不知道親子關係的重要性，也沒有系統性地學習深度陪伴孩子的方法，所以很容易跟孩子出現矛盾，造成親子關係損傷。這可能是他們跟孩子相處的常態，但是這並不代表親子關係就無法修復了。

如果我們能夠降低身段，主動跟孩子道歉和好，就會發現，孩子的內心對我們的包容遠甚於我們在孩子犯錯之後對孩子的包容。

所以，如果想要做好對孩子的安撫，第四個深度陪伴工具就是「道歉」。

但是很多父母在頭腦層面知道道歉很重要，行為層面卻總是邁不出第一步，要怎麼做才能邁出這一步呢？給大家分享兩個方法：

第一，放下自己的權威。

父母和孩子之間不是強大的命令者與弱小的服從者之間的關係，而是愛與被愛的關係。所以，權威感的保持不是最重要的，最重要的是關係的保持。

我的深度陪伴學員甯甯給我分享過一個她透過「道歉」來安撫孩子，從而修復親子關係的故事：

晚上回到家，奶奶說還剩一點作業沒寫完。兒子剛彈完鋼琴，說想玩一會兒再做作業，我看時間很晚了，所以堅持讓他馬上就去做作業。兒子很不情願，但是又迫於壓力，不得不寫。因為情緒很大，所以字就寫得很醜。

當時我很著急，加上最近工作壓力很大，自己的很多工作都被分走了，心裡很失落。當初一心想要把兒子培養成一個自己能夠獨立完成作業的孩子，現在看到他一副不想做作業的樣子，我一下子就爆發了，對他大吼：「不寫拉倒，愛寫不寫！」

我轉身離開了孩子的房間去了臥室，躺在床上讓自己冷靜一下，此刻的我委屈地不斷掉眼淚。一想到自己每天辛苦回來這麼晚，盡量陪伴孩子，盡力給予孩子最好的，可是孩子的自控力還這麼差，就很難過。

當我聽到孩子在外面大聲哭著說「我寫，我寫」時，我又很心疼，他還是個孩子，他已經比其他孩子好太多了，認識很多字，每天上很多才藝班，嘴上不說累，卻經常因為太累了，

跪在地上委屈大哭，喊著「我都沒有玩的時間了」。想到這裡，我的心裡似乎平靜了一些。但是突然想起自己在委屈的時候老公在哪裡，自己工作和育兒要承受這麼多，卻跟老公一天都說不上一句話——我睡著了他才回來，我走了，他沒起床，我的心情又一下子跌到了穀底，躺在床上眼淚不斷地流。

直到後來，要睡覺了，兒子過來了。我什麼都沒說，只是幫他弄好被子睡覺。就這樣過了一夜，第二天一早我有事，也沒能去送他上學。

等到晚上下班回來，我好像已經忘了昨天的事，兒子明顯比昨天乖巧很多。但是婆婆告訴我，兒子昨晚很傷心，當我說不想跟他說話時，他很難過，卻忍住了沒在我面前哭。今天白天一天，一直都問奶奶「媽媽為什麼這麼對我，以前媽媽做錯了會道歉，為什麼這次沒有」。當我從婆婆口中聽到這一切時，我的心真的很痛，我覺得自己真的深深地傷害了孩子。如果不是婆婆告訴我，我完全不知道。

我決定第三天早上不管早與晚，都要去送兒子，我要跟他和解，跟他道歉。第三天一早，我們走在路上，我說：「兒子，媽媽知道昨天你很難過，媽媽對你大吼，說不想跟你說話，讓你很難受，媽媽跟你道歉，媽媽是愛你的，非常愛你。你能原諒媽媽嗎？」

兒子：媽媽，我也愛你，我能原諒你。

我：媽媽昨天說不想跟你說話，是因為媽媽怕自己的情緒還沒整理好，我擔心跟你說話時又吼你，所以媽媽並不是不願意理你。

兒子：媽媽，我要抱抱。

就這樣我們相互抱著，相互原諒，一起走進學校。

透過這件事情，甯寧也特別感慨，她說沒想到，她傷害了孩子那麼多，孩子卻如此包容和愛自己。

所以，願意放下權威，是我們向孩子真誠道歉、安撫孩子的第一步。

第二，告訴自己，道歉不會降低自己在孩子心中的形象。

有些父母認為，自己道歉了，孩子可能就會看不起自己了，或者孩子可能會踩到自己頭上來，那麼自己在孩子心中就沒有形象了。其實不會，相反，孩子會覺得父母是在乎自己、愛自己的，會跟父母更加親近。

就像甯寧做的那樣，她換來的不是孩子的嫌棄，而是孩子對媽媽愛的表達。

所謂「兒不嫌母醜」，無論父母犯了多大的錯，只要父母真心跟孩子道歉，不反覆傷害孩子，孩子都會包容和原諒自己的父母。

所以，任何時候，我們都可以跟孩子真誠地道歉，來修復我們跟孩子的親子關係。

很多時候，不是父母在幫助孩子成長，反而是孩子在幫助父母成長。

這也是為什麼我一直認為，深度陪伴並不是父母為孩子單向的犧牲和付出，而是一種雙向滋養。如果父母認為花時間陪伴孩子會犧牲自己的事業、自己的時間，是純粹的單向犧牲和

付出，那一定不是真正的深度陪伴，而且孩子也無法承載父母的犧牲感。

　　這個世界上沒有任何父母是完美的。正因為我們不完美，有很多缺點，所以我們才要去虛心學習如何成為更好的父母。不做 100 分的媽媽，而要做一個會犯錯但是勇於跟孩子道歉的 60 分媽媽。

深度陪伴工具

道歉

任何時候，我們都可以跟孩子真誠地道歉，以修復我們跟孩子的親子關係。

1・放下自己的權威。

2・告訴自己，道歉不會降低自己在孩子心中的形象。

相信：不論怎樣都先相信孩子

　　母和孩子之間最重要的是彼此信任，但這也是最難的。

　　有些父母不瞭解孩子行為背後的初衷和動機，不相信孩子，而一旦孩子感覺被誤解，就會很委屈、情緒激動。這個時候如果父母意識不到孩子已經很受傷，一定要看到孩子透過情緒激動來自證清白，才願意去相信孩子，就容易讓孩子形成一種「我必須要努力去贏得父母的信任」的習慣，以及因為一點兒小事就歇斯底里的習慣。但這怪不了孩子，因為這個習慣是父母對孩子的「不相信」造就出來的。

　　下面將分享四個讓孩子感受到父母對他們「相信」的工具和方法，幫助父母去修復和加固親子關係。

◆孩子不會無緣無故讓我們為難

　　很多父母會錯誤地認為，「如果讓孩子放學後先玩，孩子的玩心收不回來，就更不願意回家做作業了」。因此，總是要

求孩子放學後先回家做作業，寫完作業再玩。

這其實就是一種對孩子的不相信，不相信孩子會因為需求得到了滿足，才更願意做作業。同樣，父母對孩子的不相信，也會引起孩子對父母的不相信——不相信父母是真的因為愛自己才滿足自己玩的需求。即便作業做完了，父母讓孩子下樓去玩了，但孩子也會認為那是因為自己滿足了父母的期待，所以父母才讓自己玩的，而不是因為父母愛自己，所以願意滿足自己的需求。

所以，想要讓孩子感受到父母的信任，第一個深度陪伴工具就是「願意滿足孩子的需求」。

那麼如何做，我們才能發自內心地去滿足孩子的需求呢？

第一，減少對孩子的限制。

很多時候，父母不願意滿足孩子的需求，不是因為孩子的需求不合理，而是父母的限制太多，所以總是認為孩子的需求不合理。

我的深度陪伴學員燕子有一次遇到了一件棘手的事情：

五一之後，學校就改了放學時間，比原來晚了半個小時。晚上孩子放學後要先做作業，做完作業了還要練琴，再練毛筆字。孩子想和以前一樣出門玩一個小時，但時間不夠用，孩子就開始鬧情緒。為了出門玩，練琴時心浮氣躁、指法不對，寫毛筆字也很敷衍，讓我很惱火。這種情況到底是因為作業太多，還是孩子不聽話？

其實孩子不會無緣無故讓我們為難，如果我們認為是孩子在難為我們，那一定是孩子的某項需求沒有得到滿足。比如，燕子晚上給孩子安排的學習確實有些多了，所以孩子沒有時間玩。當孩子「玩的需求」得不到滿足時，孩子對於課外興趣的練習，如彈琴、練字等，肯定會用應付的心態去面對，不會心甘情願，也不會主動。

我建議燕子接孩子放學後先去戶外玩 1~1.5 小時，先滿足孩子的需求。這樣做有兩個好處：

第一個好處是，孩子的需求得到了重視，更能感覺到父母的信任，而不是把作業和玩當作條件交換，「你把作業完成了才能出去玩」。

第二個好處是，現在的孩子嚴重缺少戶外運動，白天的戶外運動對孩子的骨骼發育、視力都非常重要。可以玩了之後再回家做作業，做完作業之後，如果有時間，再讓孩子自己選擇練習哪一項特長。儘量不要在孩子對一件事情的自主性和熟練度還沒有提升的時候，就一股腦兒地給孩子安排一堆類似的事情。這樣孩子會特別有壓力和挫敗感。

第二，想想馬斯洛需求層次理論。

大家還記得我們前面講過的「馬斯洛需求層次理論」嗎？孩子的需求也是一樣的，如果我們不能滿足孩子底層的一些基本生理需求，比如玩的需求，那麼我們希望孩子能夠自律，能夠自我負責，其實是不符合一個人的身心發展規律的。

很多被訓練得看似很自律的孩子，大都是這種情況，為父母的期待而活，為父母的目標而活。父母走了捷徑，卻要孩子

用餘生的努力去找回自己的人生主導權。在找回自己的人生主導權之前，孩子都很難獲得真正的幸福感，這是父母的初衷嗎？絕對不是！

　　所以，**父母願意滿足孩子的需求，就是願意讓孩子為他自己的期待而活，並且相信為自己期待而活的孩子會擁有更加自主和自律的人生。**

深度陪伴工具

願意滿足孩子的需求

滿足孩子的需求，讓孩子為他自己的期待而活，從而擁有更加自主和自律的人生。

1・減少對孩子的限制。

2・想想馬斯洛需求層次理論。

◆ 允許孩子犯錯，才是成長的捷徑

　　孩子在成長的過程中，經常會犯錯，但是父母往往對孩子犯錯的容忍度非常低。尤其是在公共場所時，如果孩子犯錯，父母就會感覺那是在打自己的臉，所以面對孩子犯錯的行為，會更加惱羞成怒。

　　這個階段我也經歷過，因為從小我的父母就教我要講禮貌，如果我在外面的言行很不禮貌，馬上就會受到父母非常嚴厲的批評。然而事後，我往往已經不記得那件事情我哪裡做得不對了，只記得父母當著那麼多外人批評了我，讓我很沒面子。下一次，我可能還會犯同樣的錯誤。

　　當我大學畢業後，進入職場，第一次遇到對我的錯誤特別包容的上司時，我發現，不用他多說，我自己內心就充滿了想要改變的動力，下一次會比之前更加認真、更加用心地檢查。這就是相信的力量。

　　所以，要想讓孩子感受到父母的相信，第二個深度陪伴工具就是「允許犯錯」。

　　那麼如何做才能成為一位允許孩子犯錯的父母呢？下面兩個方法可以很好地幫到你：

　　第一，告訴自己，讓孩子發自內心地意識到錯誤比維護自己的面子更重要。

　　有一次，我工作了一天，拖著疲憊的身體回到家，很明顯地嗅到父子倆「有火藥的味道」。

　　我：發生什麼事了嗎？

（樂樂沉默）

　　我：沒關係呀，媽媽說過，無論你做了什麼事，只要能
　　　　誠實面對，犯錯也不要緊，我們一起來解決問題。

樂樂：媽媽，今天在外面坐電梯，電梯快關門的時候，闖
　　　　進來一位爺爺，我就指著他說，你怎麼慢吞吞的！

　　我：哦，原來是這樣啊。那你自己覺得有沒有不妥的地
　　　　方？

樂樂：我不該指著那位爺爺，還說他慢吞吞的。

　我：那你為什麼要那樣說呀？

樂樂：我當時很生氣，因為我著急下樓去玩。

　我：那你是自己知道不對，但是一著急就沒控制住情緒是吧？

樂樂：嗯。

　我：那你覺得我們等一下爺爺會耽誤多少時間呢？1 小時？30 分鐘？10 分鐘？5 分鐘？

樂樂：幾秒鐘。

　我：那下一次可以耐心等待一下，並且好好說話嗎？

樂樂：可以。

　我：假如你找到了這位爺爺，你會怎麼跟他道歉？

樂樂：爺爺，我不應該用手指著你還跟你說不要慢吞吞的，我著急是因為我想趕緊下去玩。你年紀大了，就是會慢一點，我多等幾秒鐘又有什麼關係呢？對不起。

　我：很棒呀，你還跟爺爺解釋了自己那樣做背後的原因，媽媽相信那位爺爺聽到後一定也會原諒你的。

　　我沒有指責樂樂，而是允許他犯錯，並且透過溝通引導，讓他意識到了自己的錯誤。雖然樂樂沒有機會當面跟那位爺爺道歉，但比起不允許孩子犯錯，在電梯裡面強迫孩子給爺爺道歉，保住大人的面子，我認為這樣做更加有效。

　　所以，每當樂樂犯錯後，尤其是在公共場所言行不當，我都會告訴自己，與其照顧自己的面子把孩子兇一頓，逼著孩子道歉，不如讓孩子發自內心地意識到自己的錯誤，並且在下一次改進。

　　因為凶孩子一頓，逼孩子道歉，就像逼孩子做作業一樣，雖然這個任務完成了，但是孩子到底是否真的意識到自己的錯誤了呢？孩子到底是否真的發自內心地願意在下一次改正呢？孩子是否知道下一次要怎麼改正呢？如果這些目標都沒有達成，那就僅僅是大人對孩子發洩了一頓情緒，照顧了自己的面子而已。

第二，告訴自己，每個孩子都是在犯錯中成長的。
　　我一直認為，犯錯就是孩子成長的最好契機，當然前提是父母要懂得正確引導。就像剛才我分享的樂樂的例子，透過這件事他也成長了，學到了不要說傷人心的話。
　　後面，我又繼續跟樂樂溝通。
　　我：那剛才你跟爸爸之間發生了什麼呀？
　樂樂：爸爸對我太兇了。
　　我：那你跟爸爸溝通一下，告訴他你希望他以後怎麼跟你溝通，好嗎？
　樂樂：爸爸，你不要那麼兇，我又不是犯了不可原諒的錯誤，你可以好好跟我說。
　　我：你還可以告訴爸爸什麼才叫好好跟你說。
　樂樂：你要像媽媽那樣跟我好好說。
　樂爸：好呀，媽媽是怎麼跟你說的？
　樂樂：媽媽先問我發生了什麼事，再問我為什麼會那樣做，最後還讓我道歉。
　　我：哇，你這提點能力太強了，媽媽給你點贊，而且你還教了爸爸怎麼跟你溝通。最後，你還可以跟爸爸

確認一下爸爸都學會了沒有。

樂樂：爸爸，你都學會了嗎？

樂爸：學會了，謝謝你。

這樣，樂樂又學習了如何跟爸爸溝通，讓爸爸以後能夠換一種方式去幫助他成長。

允許孩子犯錯，就是相信孩子有想要做得更好的心。

允許孩子走彎路，才是捷徑。

深度陪伴工具

允許犯錯

允許孩子犯錯，就是相信孩子有想要做得更好的心，這才是成長的捷徑。

1．告訴自己，讓孩子發自內心地意識到錯誤比維護自己的面子更重要。

2．告訴自己，每個孩子都是在犯錯中成長的。

◆ 放下擔心，孩子才會成為你期待的樣子

父母對孩子很容易產生一種擔憂，那就是越放手不管，孩子越貪玩，最後就會一事無成。所以為了孩子的未來，乾脆把

孩子的生活、學習、大事小事都管起來，甚至精確到幾點幾分必須起床，幾點幾分必須開始做作業，要求孩子毫無誤差地執行，以為這樣孩子就能建立高效的時間管理能力，養成好習慣，變得優秀。

這樣的想法真的是大錯特錯。

想想你的童年，有哪件事情，是因為父母管得特別緊，所以你心甘情願做得特別開心呢？我想，大多數情況下，你一定跟我一樣，總是會想方設法地偷懶。帶著完成任務的心態去做事，結果當然也不會好到哪裡去。就算是學習成績變好了，也不一定會開心。

反而是當父母完全相信孩子、不再擔心孩子、自然地放手時，孩子才有了更大的自由發揮空間。只有孩子感興趣，做事情時才更容易進入既開心又沒有心理負擔的心理狀態，最後變得優秀的可能性反而更大。

所以，想要讓孩子感受到父母的相信，第三個深度陪伴工具就是「放手」。

如何才能成為一位能放手的父母呢？

第一，告訴自己，越早放手，孩子成長越快。

樂樂剛上一年級時，有一天早上，鬧鐘 6:40 準時響起，10 分鐘之後，樂樂還在被窩裡一動也不動。

我提醒他：「樂樂，已經 6:50 了哦。還有 20 分鐘我跟爸爸就要出門了，你也要趕緊起床啦。」

好不容易把樂樂喊起來，他一會兒發呆，一會兒去書桌前翻翻汽車貼紙，一會兒又去摸摸他的彩窗磁力片，就是不肯進

洗手間洗漱。

我只好再次提醒：「樂樂，還有 10 分鐘爸爸媽媽就要出門了，你還沒換衣服，還沒刷牙洗臉，待會兒就趕不及去學校吃早餐了。」

這個時候，樂樂開始有情緒了：「哼，你讓我刷牙洗臉，那我到了週末就不刷牙洗臉。」

我這才意識到，他是在用這種方式對我的提醒提出抗議。

所以我試探性地跟他確認。

我：樂樂，你是不是不喜歡媽媽早上這樣反覆提醒？

樂樂：嗯。

我：那你是不是希望由你自己安排早上的時間？

樂樂：嗯。

我：好的，那媽媽從今天開始就不提醒你了，你自己來規劃時間，如果 7:10 出門，你就可以在學校有充足的時間吃早餐，出門晚了可能就沒時間吃早餐了。這些全部由你自己來安排和計畫，好不好？

樂樂：好。

神奇的事情發生了。

2 分鐘後，樂樂開心地拿起牙刷和牙膏開始洗漱，7:12 分就出門了。

第二天早上，也是類似的情形。

鬧鐘 6:40 準時響起，他繼續睡，睡到 6:55 才起床，穿好衣服，7 點鐘去看了一眼鬧鐘，他感歎了一下，還有這麼久啊。然後又去玩了一小會兒彩窗磁力片。我心裡還小小擔心了一下，擔心他一玩就會忘記時間，結果人家 7:06 跑去刷牙洗臉，7:10

準時搞定。

我就很奇怪，這孩子怎麼不用看時間，就把點兒抓得這麼準？

其實中間樂爸好幾次忍不住想要提醒他，晚了去學校就沒早餐吃了。

我跟樂爸說，就算他去晚了，沒有時間吃早餐，餓一上午，也沒關係，這是他自主管理時間需要經歷的體驗。

就像他開學前幾週有一天早上沒有帶飯盒，結果沒有吃早餐，餓了一上午一樣，後面他再也沒有忘記帶飯盒。

從那一天開始到現在樂樂已經 10 歲了，我和樂爸沒有再提醒過他起床，沒有再提醒過他要趕緊出門。雖然偶爾也會有因為沒有安排好時間遲到的時候，但是絕大部分時間他都能準時上學，早早地去教室，甚至有時候寧願不吃早餐也要趕緊上學不遲到。

這就是早點放手的好處，越早放手，讓孩子自己體驗，孩子越能夠從內而外地建立自己的規則、秩序和方法。

第二，告訴自己，遲早都要放手。

很多時候，父母不能放手，就是因為擔心，擔心孩子遲到被老師批評，擔心孩子去學校沒有早飯吃，擔心孩子養成遲到的習慣……

可是，**就算你再擔心，也要選擇相信，因為遲早孩子都要跟你分離，遲早你都要放手。**可能現在你的孩子在你的信任下還是沒有做好，沒有關係，這是他們成長的必經之路。就像孩子剛開始學走路時走不穩會摔跤一樣，我們放手後，孩子確實

會摔跤，但是很快他們就能走得很好了。

從擔心孩子走不穩會摔跤，到終於決定放手讓孩子自己嘗試走路；從擔心孩子玩具被搶後自己沒辦法處理會大哭，到終於決定放手讓孩子自己去處理；從擔心孩子無法適應幼稚園生活天天哭泣，到終於決定放手讓孩子自己去適應幼稚園。

這是父母必做的功課。

遲早都要放手，而且孩子一定是放手後才真正開始成長。越早放手，孩子成長越快。選擇相信吧，越早越好。

第三，回想一件你放手後孩子自己做得越來越好的事情。

多多回想那些因為你的放手，孩子自己做得越來越好的事情，可以讓我們對自己產生信心。我們對自己放手的策略有信心了，才更容易做到多多地放手。

每位父母都會經歷很多放手的事情。

比如讓孩子自己走路、自己吃飯，比如讓孩子獨立入睡、獨立上學，比如讓孩子自己出門跟小朋友玩。

上面的每一件事情，都是在我們放手後，孩子才做得越來越好的，不是嗎？

深度陪伴工具

放手

越早放手，孩子成長越快。

1．告訴自己，越早放手，孩子成長越快。

2．告訴自己，遲早都要放手。

3．回想一件你放手後孩子自己做得越來越好的事情。

◆ 孩子需要商量，而不是你一廂情願的意志

父母在孩子面前，天然是一個權威的存在。因為孩子小的時候，需要依靠父母生存，所以不論你是否尊重孩子，是否願意跟孩子商量，小孩子看起來都會比較聽話，但並不意味著這樣做就是正確的。

但是，很多父母會把這樣做當作是正確的。他們會認為，不需要跟孩子商量，因為商量之後，孩子可能會得寸進尺，孩子可能會說話不算話。

如果你這麼想，那麼本質上，你是不相信孩子的。只有相信孩子的父母，才願意跟孩子商量著定目標、定計畫、定行動。

所以，要想讓孩子感受到父母的相信，第四個深度陪伴工具就是「商量」。

但是說起來容易，做起來卻不容易。當孩子無理取鬧時，當你試圖跟孩子商量但是無放果時，父母很容易就回到專制獨裁的老路上去。

如果你想邁出跟孩子商量的第一步，這裡有三個很有用的心法可以用起來：

第一，看看孩子是否有太多需求沒有得到滿足。

如果跟孩子商量，孩子卻得寸進尺，那我們應該去思考孩子是否有太多需求沒有得到滿足，從而讓欲望變成了一個很難被滿足的黑洞，而不是給自己一個必須強行讓孩子服從的藉口。

第二，看看孩子是否自主選擇的機會太少。

如果跟孩子商量後，孩子卻說話不算話，承諾了做不到，那我們應該去看看孩子是否以前自主選擇的機會太少，習慣了一切由父母做決定，由父母監督，由父母代替他為結果負責，以至於孩子喪失了自我負責的能力，從而忘記了自己的目標、計畫和行動。

第三，相信孩子不會故意無理取鬧。

當孩子無理取鬧時，父母很容易就放棄跟孩子商量的嘗試，因為溝通起來實在是太困難，太累人了。

這個時候，要記得提醒自己，孩子不會故意無理取鬧。還記得我們在「安撫」中講過的案例嗎？無理取鬧的背後，很可能是孩子在呼喚你的及時回應，也有可能孩子需要你一個溫暖的擁抱。

總之，要相信你的孩子不會故意無理取鬧。

　　如果我們希望自己的孩子以後跟他的同學、朋友一起玩的時候，不會動不動就居高臨下地質問：「你們為什麼不聽我的？」不會動不動就發脾氣：

　　「哼，你們不聽我的，我不玩了！」希望孩子長大後跟父母溝通時能夠多一些尊重和理解，那麼作為父母，從現在開始跟孩子溝通時，就要多跟孩子商量。這樣當孩子跟小夥伴們意見不一致時，跟日漸衰老的我們溝通時，也會多一些商量。

　　樂樂 4 歲的時候，有一天他生病了，我請假在家陪他。坐在他的床邊時，我忍不住看了一下手機，處理工作的事情。樂樂突然對我說：「媽媽，我給你定個倒數計時鬧鐘，鬧鐘時間到了，你就不看手機了好嗎？」

　　然後他自己拿起我的手機，非常熟練地設置好了 4 分鐘的倒計時，對我說：「媽媽，我給你設了 4 分鐘，4 分鐘到了，你就不看手機陪我玩好嗎？」

　　那一刻，我既羞愧又開心。

　　羞愧的是，兒子生病的時候，作為媽媽的我心裡還想著工作，不能做到全身心陪伴。

　　開心的是，孩子能夠用這樣一種我完全沒有辦法拒絕的方式和我溝通，既給了我時間，給了我尊重，又表達了他的需求，完全是一種雙贏的互動方式。

　　而我從來沒有教過他這樣做，也沒有要求過他這樣和我溝通。

　　我只是從他不到 2 歲開始，當他的需求和我的需求衝突時，

會用這樣商量的方式去跟他溝通，讓他有心理準備，同時提出我的需求。

比如，他在沙坑裡玩沙子玩得不想回家時，我會用鬧鐘倒計時的方式和他商量：「咱們倒計時 5 分鐘，鬧鐘響了就回家好嗎？因為媽媽肚子餓了，媽媽要回家做飯了。」

大家都聽說過，孩子是父母的影本。

這裡的父母泛指孩子的監護人。也就是說孩子都是從大人身上去學習的，無論你是否教過孩子什麼，只要你做過的，你的一言一行，甚至你的心理狀態，都會原封原樣地印刻在孩子的骨子裡。

深度陪伴工具

商量

多跟孩子商量，孩子不會故意無理取鬧。

1‧看看孩子是否有太多需求沒有得到滿足。

2‧看看孩子是否自主選擇的機會太少。

3‧相信孩子不會故意無理取鬧。

讀到這裡，我相信你對親子關係已經有了一個完全不一樣的認知，也意識到了自己陪伴孩子過程中很多問題的根源。

　　親子關係是深度陪伴 RAP 養育法的起點，親子關係和孩子行為的關系，就像好的食材和美味佳餚之間的關係。食材越好，做出來的菜越好吃、越健康，甚至無須太多佐料，也可以很好吃。相反，如果給你一堆不新鮮甚至壞掉的食材，無論你的廚藝多好，都不可能做出健康美味的菜肴。

　　所以，只要親子關係好了，孩子各方面的行為一定會慢慢變得越來越好。

　　可是為什麼很多父母明白這個道理，還是會習慣性地忽視「親子關係」而去花很多時間和精力糾正「孩子的行為」呢？

　　因為這個世界上，大多數人都會習慣性地重視「看得見」的東西，比如「金錢」，但是會忽略那些「看不見」但是卻很重要的東西，比如新鮮空氣。

　　「孩子的行為」是每天都能看見的，但是「親子關係」是看不見的，親子關係只能透過孩子的一些行為得到體現，而這還要取決於父母的敏感度。

　　所以，如果想要擁有一種親密牢固的親子關係，從現在開始，要先修正自己的認知，把看不見的親子關係放在首位。親子關係好了，孩子的行為自然就會慢慢變好。

　　親子關係四要素——看見、接納、安撫、相信，以及對應的 14 個深度陪伴工具需要反覆練習，你也可以加入或者組建自己的深度陪伴踐行圈子，跟其他家庭一起踐行親子關係四要素，努力構建一種親密牢固的親子關係。

第四章

A 意願，
培養有內在驅動力的孩子

幫助孩子放鬆·請求孩子幫助·有效鼓勵·降低難度　　勝任感

用體驗代替大道理·給孩子選擇權

激發孩子的夢想·遊戲力·抓住「哇」時刻　　自主感

營造好的氛圍和環境·慶祝·用榜樣影響　　連結感

四種學習驅動力，只有一種最有益

　　有一位老人，特別煩惱，因為有一群孩子每天中午都在他家門口追逐打鬧，讓老人無法好好休息。於是這位老人想了一個辦法，他把孩子們喊過來，給了每個人 10 元錢，對他們說：「謝謝你們每天都過來，讓這裡變得很熱鬧，我覺得自己也年輕了不少，我希望你們明天還能過來。」

　　第二天孩子們過來的時候，他給了每個孩子 5 元錢。第三天孩子們過來的時候，他只給了每個孩子 2 元錢。孩子們勃然大怒：「一天才 2 元錢，知不知道我們有多辛苦！」他們向老人發誓，再也不會過來為老人製造「熱鬧」了。

　　這位老人用到的方法就是「獎勵」。

　　獎勵會短暫地刺激孩子的驅動力，但是一旦獎勵減少，或者獎勵消失，或者獎勵無法跟上孩子的需求，孩子的驅動力就會斷崖式下滑。而且孩子本來是有「為自己的快樂而玩」的內部動機的，因為「獎勵」，內部動機反而變成了「為得到金錢而玩」的外部動機，這就是獎勵的危害。

　　很多父母會對孩子說「如果你考了 100 分，就獎勵你 100

塊錢」。本來是想刺激孩子更好地學習，但是父母沒想到，恰恰是這樣源源不斷的外部獎勵，不斷削弱了孩子的學習內在驅動力。

「你幫媽媽洗碗，媽媽就給你一塊錢。」

「你今天讀完這本書，媽媽就獎勵你一枚小貼紙，攢到一定數量，可以找爸爸媽媽換東西。」

我相信這些方法很多父母都用過，這些都是獎勵，都是讓孩子很開心的方法，所以它是一種**「快樂驅動的外在驅動力」**。這種驅動力非常具有迷惑性，因為孩子受到物質獎勵也許在短時間內會做得很起勁，大人就覺得這種方法很好用。

小一點的孩子很好打發，買點小貼紙、小零食、小玩具，孩子就滿足了。但等孩子大了以後，這種小恩小惠就起不了作用了，孩子會提出更多、更高的要求，要給孩子買更多、更貴重的東西才能滿足孩子的需求。這不但變相地刺激了孩子對物質的欲望，而且會進一步削弱孩子的內在驅動力。

還有一種是**「痛苦驅動的外在驅動力」**。

孩子做錯事了，父母就讓孩子面壁思過：

「你自己站在那裡好好反省一下！」

期末考試前威脅孩子：

「如果考試沒考好，假期就不帶你出去玩了。」

孩子不想做作業，要麼嘮叨孩子：

「快點做作業呀！」

「你什麼時候開始做作業呀！」

「再不做作業馬上就 9 點啦！」

要麼吼孩子：

「你自己看看都幾點了？還不開始做作業！」

如果孩子做事有點笨拙，就使用嘲笑或者侮辱性的語言：

「你看看你自己，有能做好事情的樣子嗎？」

「你怎麼這麼笨！」

試圖用激將法讓孩子做好一件事，包括對孩子進行打罵，這些都屬於「痛苦驅動的外在驅動力」。

嘮叨和威脅是比較隱晦的「痛苦驅動的外在驅動力」，尤其是很多父母會脫口而出：

「你如果再亂發脾氣，媽媽就不理你了！」

「媽媽不喜歡調皮的寶寶，媽媽喜歡乖寶寶！」

這些給孩子帶來的痛苦是直接進入潛意識層面的不安全感，往往比打罵給孩子帶來的傷害更大。

無論是「快樂驅動的外在驅動力」還是「痛苦驅動的外在驅動力」，對孩子的作用都猶如「飲鴆止渴」，當下看起來有用，長期對孩子的傷害很大。

還有一種外在驅動力，叫作**「環境驅動的外在驅動力」**。

比如樂樂不太愛運動，但是當他跟班上喜歡運動的孩子在一起玩時，他就會特別起勁兒地運動，這就是環境驅動的外在驅動力。這種外在驅動力對孩子沒有什麼傷害和負面影響，唯一的缺點是持久性不足，只要環境消失，孩子的驅動力就會消

失。

外在驅動力和內在驅動力，都可以提升孩子當下做事的意願，但是外在驅動力帶來的意願只是曇花一現，會伴隨外部條件和環境的變化而減弱或消失；**只有內在驅動力，才是能夠讓孩子發自內心持續地對學習有熱情的方式**。

雖然內在驅動力的培養比外在驅動力更花時間，但是一旦孩子具備了內在驅動力，後面可以省下父母每天監督提醒嘮叨的時間，整體來說，投資回報率一定遠大於外在驅動力。

比如建立閱讀的愛好。從樂樂 9 個月開始，我們全家人每天都會輪流跟孩子一起親子閱讀，在這個過程中逐漸培養了他閱讀的興趣。上小學之後，孩子便自然地從親子閱讀過渡到自主閱讀。在這期間，我會不斷透過各種方式去增強他的學習內在驅動力（關於提升孩子內在驅動力的方法，在本章後半部分會詳細講解）。現在 10 歲的樂樂每天最喜歡的事情就是閱讀，我完全不需要提醒監督，反而要不斷告訴他，記得閱讀時倒計時 20 分鐘，保護好眼睛。

如果讓你選擇，你是願意用 6 年的時間培養孩子的閱讀內在驅動力，讓孩子一輩子受益，還是在一開始孩子不喜歡閱讀的時候，就給他一顆糖、一點零食作為獎勵，然後在孩子上大學之前的 18 年，每天都想盡各種辦法去讓孩子堅持閱讀呢？我想，你一定願意選擇前者。

所以，雖然我們有四種可以提升孩子學習內在驅動力的方法，但是深度陪伴孩子的過程，只有一種是最有益的，那就是培養孩子的內在驅動力。

提升孩子內在驅動力的三大引擎

孩子上了小學之後，大部分父母都會頭疼一個問題：作業問題。很多父母每天把有限的陪伴孩子的時間都消耗在了完成作業的拉鋸戰上，不提作業母慈子孝，一提作業雞飛狗跳。

有一位媽媽曾經跟我說，她的孩子明明有能力在 9 點之前完成作業，但是每天總要拖到晚上 12 點，這讓她非常不解，也非常痛苦，因為她是一個精力不太足的人，每天都陪著孩子熬到晚上 12 點，孩子辛苦，她也辛苦。

有一些家庭，孩子都上初中了，每天晚上還需要父母盯著做作業。

有一些家庭，為了解決孩子的作業問題，會花錢把孩子送到家附近的安親班，讓孩子做完作業再回家。

當然，現在很多小學也都有課後服務，下午最後兩節課，孩子可以在學校做完作業再回家，這樣父母就省心了。

可是，你有沒有想過，難道作為父母，我們的目標僅僅是讓孩子每天按時按目標把作業做完嗎？

當然不是。

我經常對樂樂說，做作業的目的不是完成作業，也不是達到百分百正確，而是透過作業，讓自己去練習課堂上學到的知識，查漏補缺。也就是說，作業其實只是一個載體，最重要的是練習應用以及學習檢討。

既然是練習應用和學習檢討，那麼作業的主體當然是孩子。

如果孩子沒有練習的內在驅動力，沒有學習複盤的內在驅動力，不論是你盯著孩子做作業，還是讓孩子在學校做完作業再回來，抑或是把孩子送到晚托班，孩子都能保證完成作業，作業品質也看不出有什麼大問題，但是卻不一定真正「用心」去做。

有的孩子會去抄答案，有的孩子會直接問安親班老師，有的孩子會臨時抱佛腳死記硬背。最常見的一個場景就是，孩子要完成背課文的作業，剛一背，卻發現腦子裡空空如也，就趕緊停下來，翻開書，進入全神貫注默念的狀態。幾分鐘後，合上書本，倒背如流，作業清單上又完成了一項，但是轉頭就忘。總之，孩子會把父母想要的結果給父母，讓父母不要嘮叨作業這件事了，但是孩子自己並不會用心去對待作業這件事。

怎麼樣才能讓孩子真正用心對待作業呢？

美國心理學家德西和里安在 20 世紀 80 年代提出了「自我決定論」。自我決定論認為，以下這三種基本心理需求如果得到滿足，那麼就可以提升一個人的內在驅動力。這三種基本心理需求分別是：**勝任感（Competence）、自主感（Autonomy）和連結感（Relatedness）**。我把它叫作提升孩子內在驅動力的三大引擎，也是提升孩子內在驅動力的底層邏輯。

勝任感是讓孩子覺得「我有能力做到」，**自主感**是讓孩子覺得「這是我可以選擇的」、「這是可以按我的想法去推進的」，**連結感**是讓孩子覺得「我跟相關環境的人之間是有情感聯結的」。

明白了這三大引擎的含義，我們再來看為什麼很多孩子都不喜歡做作業。

很多父母會要求孩子，放學後第一時間回家做作業。有些家庭媽媽或者爸爸還會坐在旁邊看著孩子寫，一旦孩子哪裡寫錯了，字寫得不好看了，有些神遊了，父母馬上就會提醒。如果孩子顯示出不耐煩，或者無所謂的態度，那麼大人就會一頓批評；如果孩子作業做得慢，有些拖拉，父母就會跟孩子說「不要拖拖拉拉的，快點兒寫」；如果孩子作業做得快，有些父母還會給孩子額外再佈置一些作業，好讓孩子多學點兒東西。在這種狀態下，孩子當然不願意做作業了。

首先，孩子做作業的計畫、時間、方式，全部都是父母在決定，孩子沒有任何決定權。即使有些父母會跟孩子商量，「你想幾點開始做作業」，但是如果孩子做作業的速度、品質跟父

母原本的期待不符合，父母還是會忍不住去干預。這就導致在孩子心裡，做作業不是他們能夠自己去選擇、

按照自己的想法去推進的事情，非常沒有「自主感」。

其次，在父母不斷提醒孩子、糾正孩子的過程中，孩子會覺得「我總是出錯」、「我好像很笨」、「我有一堆問題」，非常沒有「勝任感」。這也是為什麼，父母本來是好心提醒，結果孩子卻越來越煩躁，父母也隨之越來越煩躁。

最後，很多父母把孩子做作業這件事情，變成了一項非常嚴肅的任務，陪孩子做作業也好，不陪孩子做作業也好，都給孩子一種「完成作業比我這個人更重要」的感覺。

我們可以把自己放到孩子的角色去想像一下。在學校一整天，除了下課 10 分鐘，其他時間都要待在教室裡，要坐著專心聽課，不能有小動作，不能分心神遊。這比我們大人上班要嚴格得多，上班累了還可以隨時隨地站起來做做身體拉伸，可是孩子不行。課間休息時，一般是不允許在走道裡跑來跑去的，而且只要是在二樓及以上的班級，通常孩子是沒有時間跑下樓去操場上玩的，所以孩子一身的活力無處發洩。

可以想一下，如果我們在學校上了一天課，放學後回到家，會感覺怎麼樣？肯定有些累，迫不及待地想要去玩，去放飛一下。有些孩子可能在學校還會跟同學發生一些小矛盾、小摩擦，甚至可能會被老師批評，這些都會給孩子帶來很多壓力。那放學以後，孩子回到家第一時間最需要的是什麼？肯定是父母的關心，對不對？可是孩子放學後回到家，父母第一時間會對孩子說什麼呢？一般都是冷冰冰的一句「趕緊做作業」。這樣的

陪伴，讓孩子感覺不到任何的「連結感」。

　　如果提升孩子內在驅動力的三大引擎「勝任感」、「自主感」、「連結感」統統都沒有，那父母又怎麼能期待孩子喜歡做作業呢？

　　很多父母往往並不清楚孩子做作業時拖拖拉拉的真正原因是什麼，只能看到「拖拉」這個行為，於是對孩子的要求更加嚴格。可能短期內孩子的作業速度和品質會有所提升，但是也會進一步削弱孩子的內在驅動力。如果我們想要解決這個問題，就不能盯著「孩子不想做作業」、「孩子作業磨蹭」這樣的行為本身，而是要透過行為去看孩子行為背後的感受和需求。孩子需要感受到「我有能力自己安排作業」、「我有能力把作業寫得又快又好」、「我能夠自己決定做作業的時間和先後順序」、「在做作業的過程中我感受到爸爸媽媽更在乎我而不是作業」，如果這些需求得到了滿足，孩子自然就會喜歡上做作業。

　　我們只有知道孩子學習欠缺內在驅動力的真正原因，才能有正確的方向。接下來，我會分享如何透過增強勝任感、自主感、連結感來提升孩子的學習內在驅動力，並且會提供 12 個深度陪伴工具，說明大家沿著清晰的路徑來達成提升孩子學習內在驅動力的目標。

勝任感：讓孩子行動更積極

沒有人天生會喜歡「我總是做不好一件事情」的感覺。無論你多喜歡一件事情，如果你總是做不好，久而久之，你也會失去熱情。

我記得高中的時候，我特別喜歡聽古典吉他音樂，總是想像著有一天我在舞臺上彈奏古典吉他的美好場景。但是因為忙於高中考試，沒有時間去學習吉他。於是上大學後的第一件事，就是拿著半個月的生活費奢侈地給自己買了一把古典吉他，興奮地每週騎 1 個小時自行車去很遠的地方學習。可是學了 1 年以後，就慢慢停了下來，吉他也成了擺設。

工作後，我不死心，覺得我那麼喜歡古典吉他，怎麼就不能堅持呢？於是花了半個月的薪水給自己買了一把更貴的古典吉他，報了一個吉他班，希望用這份重金投資來讓自己堅持下去。

可是上了幾次課之後，也沒有堅持下去。

又過了幾年，機緣巧合又重拾起了這個愛好，又給自己報

了一個班，還約了一個朋友一起上一對二的私教，結果我倆都沒有堅持下去。

我自己也很納悶兒，我明明很喜歡啊，我也是一個目標感很強的人啊，

怎麼就堅持不下去呢？

直到很多年後的今天，再來回顧這件事情，我才恍然大悟，原來問題出在我沒有「勝任感」上。因為彈吉他對手指的精細動作要求很高，而這恰恰是我的弱項，所以雖然剛開始入門很容易，可是隨著難度加大，挫敗感增強，就慢慢無法堅持下去了。

我們的孩子很多時候無法堅持做一件事情，其實也是因為缺少「勝任感」。作為父母，看到這裡，你是不是有一種恍然大悟的感覺呢？

沒關係，知道就是改變現狀的第一步，接下來將分享四個增強孩子「勝任感」的深度陪伴工具和方法，幫助父母提升孩子的學習內在驅動力。

◆ 幫孩子放鬆，不要讓他覺得「學習本身是痛苦的」

我自己體驗過「學習是快樂的」，所以在樂樂很小的時候，我就告訴他，學習是一件快樂的事情。

樂樂上幼稚園時，總是想要第一個到幼稚園，因為迫不及待地想要去學習。剛上一年級時，特別喜歡做試卷。有一次，

我看到他上個學期的期末考試試卷，感覺用不上了，就自作主張幫他扔掉了，被樂樂發現之後，他特別生氣地對我說：「哼，誰讓你把我的試卷扔了？我要你給我再買一百張試卷，我要做個夠！」看到他認真的表情，我真的很想笑。

到小學三年級以後，學習壓力大了一些，樂樂偶爾也會說，我不想做今天這個作業。但是如果問他，那你喜歡學習嗎？樂樂會回答，「我喜歡學習，我只是不喜歡今天佈置的這個作業。」

當一個孩子真正體驗過「學習是快樂的」，他自己就會區分學習和作業的關係，學習和上學的關係。學習不等於作業，學習也不等於上學。可能孩子偶爾會討厭作業，偶爾會不喜歡某個老師講的課，但是這並不代表學習就是痛苦的，只能說明那種學習方式是不適合孩子的。

很多父母總喜歡給孩子灌輸一種錯誤的觀念，「學習本身就是痛苦的」。這是因為他們自己在當年學習時，體會到的感受就是痛苦的。因為沒有體會過「學習也可以是快樂的」，所以不相信學習是可以快樂的。

於是，孩子每天想到要上學就很痛苦。甚至，父母喊起床也很痛苦，總要賴床半個小時才起來。為什麼？因為學習是痛苦的呀，誰有動力每天自發自願地去做一件痛苦的事情呢？

事實上，只有當孩子覺得學習是快樂的、放鬆的、沒有壓力的，才會認為自己更有能力完成這個學習任務，也才會更有勝任感，從而喜歡上學習。

所以，想要增強孩子的「勝任感」，第一個深度陪伴工具就是「幫助孩子放鬆」。

怎麼做才能幫助孩子放鬆呢？

第一，不要用成年人的能力標準去要求孩子。

有時候，父母可能覺得作業一點兒也不多啊，一點兒也不難啊，怎麼孩子還不會做呀？還做得這麼慢呀？父母對孩子不能感同身受，所以意識不到孩子可能是累了、有壓力。如果這時不去幫助孩子，反而不斷貶低孩子，「你怎麼這麼慢」、「這麼簡單你都不會」、「我當年做這樣的題速度至少比你快一倍」，孩子就會喪失信心。

所以，不能用我們成年人的能力標準去要求孩子。只有做到這一點，我們才能有內在的意願去幫助孩子放鬆。

第二，識別孩子的緊張、壓力和疲憊。

有時候，孩子已經很疲憊，很有壓力了，但是他們未必會講出來，看上去只是不想做作業，或者鬧情緒。這個時候就需要父母有足夠的敏感度，能夠識別孩子的緊張、壓力和疲憊，並且主動想辦法幫助孩子放鬆。

有一次我帶放學後的樂樂去一位中醫那裡調理身體，來回的路上加上調理時間，總共要 3 個小時。回到家已經 8 點多了，樂樂這才開始做作業。英語作業剛做了一小半，樂樂就開始有情緒了，跟我說：「媽媽，我不想做作業了，我一看到作業就頭疼。」

我：你是不喜歡做作業，還是這會兒累了有些牴觸感呢？

樂樂：媽媽，我是現在累了。

我：那如果現在讓你去洗個澡，你會有牴觸感嗎？

樂樂：不會。

於是我讓他先去洗個澡放鬆一下。等他洗完澡，再回到書桌前，整個人又開心起來了，很快就把作業做完了。

這就是「幫助孩子放鬆」帶給孩子的勝任感。學習上的痛苦大都來源於學習的壓力和困難，幫助孩子放鬆，可以讓孩子更有能力去應對這些壓力和困難。

另外，學習過程中快樂和痛苦的比例是會動態變化的。每個孩子在學習時，都會經歷很多壓力和困難，如果這些壓力和困難不能及時得到支持和解決，可能就會變成痛苦。痛苦積累多了，遠多於快樂，那麼即便孩子以前覺得學習是快樂的，現在可能也會覺得學習變成了一種痛苦的負擔了。

所以當孩子感受到有壓力或者困難時，父母要做的，不是告訴孩子

「學習本身就是痛苦的」，這樣只會把壓力全部推給孩子，而是應該想盡一切辦法幫助孩子先放鬆下來，然後慢慢引導孩子去解決問題，幫助孩子消化和應對。

深度陪伴工具

幫助孩子放鬆

幫助孩子放鬆，可以讓孩子更有能力去應對學習的壓力和困難。

1·不要用成年人的能力標準去要求孩子。

2·識別孩子的緊張、壓力和疲憊。

◆ 多讓孩子體驗「有能力幫助別人」的感覺

「助人為樂」是一項美德，但是人性都有自私的一面，如果我們只是幫助別人，而對自己沒有幫助，是不可能持久的。

實際上，助人就是助己。因為我們在幫助別人的過程中，會真切地體驗到自己是有能力的，這份勝任感可以讓我們確信自己的價值，「我是一個對別人有價值的人」。一個人感覺自己是有價值的，會讓他更加自信，有更強的自尊心和成長意願。

所以，想要增強孩子的勝任感，第二個深度陪伴工具就是「請求孩子幫助」。

但是，很多父母習慣了「我才是強者」的思維，突然讓自己降下身段去向比自己還弱小的孩子求助，很難邁出第一步。

如果你是這樣的父母，分享給你三個方法，可以讓你更容易邁出「請求孩子幫助」的第一步：

第一，告訴自己，請求孩子幫助可以增強孩子的能力。

成年人的能力和力量不知道比孩子大多少。可是你不要忘了，我們深度陪伴孩子的最終目標是分離。總有一天雛鳥會變成大鳥離開鳥巢，總有一天孩子需要靠自己獨立生活，總有一天我們作為父母會日漸衰老，衰老到連走路都步履蹣跚，還不如一個 2 歲的孩子。

所以，請求孩子幫助最重要的價值，是增強孩子的能力，而不是彰顯現在誰更有能力。

如果你是公司的一位管理人員，你一定知道，哪怕下屬的能力不如你，你也要授權讓他們去鍛鍊，這樣才有可能培養出比自己還厲害、能夠給團隊帶來更大價值的員工。

第二，提醒自己，把一些自己能做的事情拿出來請求孩子幫助。

作為父母，最難做到的就是，明明這件事情自己能 1 分鐘就搞定，卻要讓孩子來做，結果孩子半個小時還做不好，最後自己還要再花半個小時幫孩子收拾爛攤子。

確實，從做事的效率來講，這簡直是一個差得不能再差的決策。不過要提醒一下自己，這樣做不是為了現在，而是為了將來。

二寶雄雄從剛會走開始，我就請他幫我做一些事情，比如扔自己的濕尿布，幫我把快遞拿過來，買了菜之後幫我拿菜。雖然每次我都要額外花時間去等他，但是現在 2 歲多的雄雄已

經成長到真的可以幫我很多忙了。

現在的你很有能力，做事很高效，但是未來當你的能力衰退時，孩子如何在這個社會上立足呢？

所以，哪怕你明明會做，也做得比孩子好很多、快很多，也要盡可能分出來請求孩子幫助。

第三，告訴自己，請求孩子幫助可以解放自己的時間。

我的深度陪伴學員蘇珊曾經分享過她成功運用「請求孩子幫助」的方法去解決她們家兩個孩子之間爭吵，並且解放了自己時間的一次經歷：

午飯時間，兄弟倆為了搶一個黃色的零食盒又吵了起來。哥哥先拿了一個黃色的零食盒，弟弟也跟著要去拿一個，但是只剩下粉色和藍色的，他不喜歡，只想要哥哥那個黃色的，所以，就哭鬧著要哥哥給他。哥哥也非常堅持，怎麼說都不肯和弟弟交換，弟弟又是很固執的性子，他喜歡的東西就一定要得到。怎麼辦？

鬧了半天沒個結果，把我都說累了。我開始思考，怎麼才能更輕鬆地解決這個問題呢？

我想起了 Maggie 老師課堂上分享的「請求孩子幫助」這個方法，這正是一個好的練習機會。我試著和哥哥說：「哥哥，你能幫我哄下弟弟嗎？媽媽要趕去做飯了。」哥哥沒搭理我。我又繼續說：「哥哥，你能不能想出一個人人受益、無人受損的方法？你看，再吵下去，媽媽肯定情緒要崩潰了。弟弟也一直哭，媽媽很需要你的說明。」哥哥被打動了，動腦想了一下，

然後跟弟弟說：「弟弟，這樣吧，我借你玩一分鐘，然後你就還給我好不好？」弟弟聽了很開心地接受了。

不得不說，孩子最瞭解孩子，哥哥想的這個方法我都沒有想到，兩個孩子之間的爭吵順利解決，兩個人又開心地一起玩了。

很多家庭都是媽媽陪孩子的時間多一些，但媽媽不是超人，平時多「請求孩子幫助」，既能給孩子一些提升勝任感的機會，又能解放自己的時間，何樂而不為呢？

深度陪伴工具

請求孩子幫助

多「請求孩子幫助」，既能幫助孩子提升勝任感，又能解放自己的時間。

1.告訴自己，請求孩子幫助可以增強孩子的能力。

2.提醒自己，把一些自己能做的事情拿出來請求孩子幫助。

3.告訴自己，請求孩子幫助可以解放自己的時間。

◆ 孩子做得不好時，也值得鼓勵

人人都喜歡被誇獎、被鼓勵，但是當自己成為父母後，對待孩子時，又很容易產生一種錯誤的認知，那就是擔心誇孩子太多，孩子會被誇飄了。

所以跟孩子相處時，鼓勵的言辭總是能少則少。甚至明明孩子做得很好，也要雞蛋裡挑骨頭，找到孩子做得不好的地方，提出建議或批評。如果孩子做得不好，那就更加覺得沒有什麼值得鼓勵的了。

我們先不看這個做法為什麼不正確，我想告訴大家的是，我們要的結果是，孩子學習有內在驅動力，有勝任感。

試想一下，孩子想盡他所能做到最好，結果失敗了，如果這時大人只看結果，而不去看孩子努力的過程，不去鼓勵孩子，而是批評孩子，久而久之，孩子還會有勝任感嗎？

可能有人會說，孩子就是因為努力不夠才沒有做好，所以要提出批評讓孩子更加努力。那麼，讓孩子覺得自己做不好這件事和讓孩子覺得自己已經有一些能力能做好這件事相比，哪個更能增強孩子的勝任感呢？答案一定是後者。

所以，想要增強孩子的勝任感，第三個深度陪伴工具就是「有效鼓勵」。

即便孩子做得不好，也有可以鼓勵的地方。

具體怎麼做才能讓「有效鼓勵」真正滋養孩子，提升孩子的勝任感，而又不用擔心孩子被誇飄呢？或者當孩子什麼都做不好時，如何運用「有效鼓勵」去提升孩子的勝任感呢？

第一，轉變思維模式，從盯結果切換到關注孩子行動的整個過程。

很多父母找不到鼓勵孩子的切入點，是因為他們一直盯著結果看，認為只要孩子沒有滿足父母的期待，就不值得鼓勵。

如果我們把這種只盯著結果的思維模式切換一下，轉而關注孩子行動的整個過程，我們就會發現，不論孩子做得好還是不好，都有值得鼓勵的地方。

第二，如果結果不理想，就鼓勵孩子的進步。

如果結果不理想，那我們就去看孩子是不是比上次有進步，鼓勵他的進步。比如我們可以對孩子說：「媽媽看到你這次寫字比上次工整很多。」

有一次樂樂抄寫英語句子和單詞，他自己想出來一個遊戲，讓我在他完成抄寫之後，給他的抄寫評分。

抄寫的過程中，因為我提醒了他的坐姿，所以他有很大的情緒，結果寫得很敷衍。看著那很敷衍的兩頁抄寫，我開始為難了，怎麼打分才能既反映出真實的問題，又能鼓勵樂樂呢？思考了一下後，我是這樣跟樂樂講的。

> 我：今天媽媽要先給你一個創意分，你覺得抄寫很無聊，於是主動想出了一個遊戲讓媽媽跟你一起玩，這個打 20 分。

> 我：關於書寫，你看你明明有 50 分的水準，今天怎麼只發揮出來 10 分呢？你說媽媽是應該給你 50 ，還是 10 分呢？

樂樂：（很不好意思）那就給我 10 分吧。

我：書寫過程中，媽媽提醒了你的坐姿，你有情緒，但是沒有直接表達出來，而是一邊生悶氣一邊做作業，所以今天的情緒分數不高，媽媽只能給你打 5 分。

我：不過後面你認識到自己的情緒問題，知錯就改，媽媽要給你打一個知錯就改分，這個可以打 20 分。

我：另外，今天媽媽還要給你一個加分項。雖然你今天發了脾氣，抄寫也沒有發揮出真實水準，但是你很願意去面對這些問題，能夠真實面對自己的問題，這一點特別難得，媽媽要給你加 50 分。

樂樂：媽媽，那我今天總共多少分？

我：105 分。

樂樂：滿分多少？

我：沒上限。

樂樂看到我寫下 105 分，特別開心。

所以，即便孩子沒有做出父母期待的結果，只要我們時刻把注意力放在孩子進步的地方，哪怕進步只有很微弱的 0.00001，也是有效鼓勵的切入點。

第三，如果孩子沒有進步，就鼓勵他的努力。

如果孩子沒有進步，那我們可以去看，孩子有沒有付出努力，去鼓勵他的努力。

孩子行動和不行動，哪個值得鼓勵呢？當然要鼓勵孩子行動。所以只要孩子在行動，就是在努力，就值得被鼓勵。我們

可以對孩子說：「媽媽看到你一直在努力做，再難也沒有放棄。」我們還可以看孩子有沒有認真的態度，鼓勵他的態度，可以對孩子說：「雖然這次考試分數不理想，但是媽媽看到你從頭到尾都很認真地對待這次考試。」

我們還可以對孩子說：「雖然今天作業還是沒有在規定的時間內完成，但是你一直在做作業，也沒有出去玩，你在用行動一點點靠近自己的目標，這本身就值得鼓勵。接下來，我們只需要一起來看看有哪些地方可以優化一下。」

第四，如果孩子態度敷衍，就鼓勵他有一個好的初衷或動機。

如果孩子的態度也很敷衍，那我們還可以看，行動之前，他是不是有一個好的初衷或者動機。如果有，就鼓勵他的初衷或者動機，比如對孩子說：「雖然這次考試分數不理想，但媽媽知道，你非常想要考好。」

孩子在父母每一次的有效鼓勵中，會慢慢變得越來越確信「我是想做好的」、「我曾付出努力想做好」、「我是有能力去做好的」，這份勝任感最終會給他帶來越來越好的結果。

深度陪伴工具

有效鼓勵

父母給予孩子有效鼓勵，孩子會越來越確信自己是能做好的，這份勝任感會給他帶來越來越好的結果。

1. 轉變思維模式，從盯結果切換到關注孩子行動的整個過程。

2. 如果結果不理想，就鼓勵孩子的進步。

3. 如果孩子沒有進步，就鼓勵他的努力。

4. 如果孩子態度敷衍，就鼓勵他有一個好的初衷或動機。

◆ 降低難度，每個孩子都能做好

大部分父母對孩子都有著高的期待，高的期待背後自然會有高的要求。

看到別人家孩子 2 歲都讀了 100 本繪本，就會希望自己的孩子能讀 200 本；看到別人家孩子 5 歲就能認很多字了，就會希望自己的孩子認更多的字；看到別人家孩子除了做作業之外還要做一張父母佈置的試卷，就給自己的孩子兩張試卷。

本來，父母高要求的背後是希望孩子的能力變得更強，結果卻往往恰恰相反，孩子可能不僅能力沒有增強，學習的內在

驅動力反而日趨下降。

這是為什麼呢？

因為**要求越多，要求越高，對孩子來說難度就越大，勝任感也就越低**，當然學習內在驅動力就越來越下降了。

所以，想要提升孩子的勝任感，第四個深度陪伴工具就是「降低難度」。

怎麼做才能幫助孩子降低學習的難度呢？有些父母可能認為，孩子的學習難度相比其他孩子已經很低了，但是仍然做不好，這種情況下又該怎麼降低難度呢？

第一，把任務進行更細的拆分。

降低難度意味著要把任務進行更細的拆分。這就好比刻度尺上的 0 到 1 公分。很多人會問，1 公分已經是刻度尺上最小的刻度了，還有更小的嗎？其實有，我們還可以細分成，1 公分的 1/10，1/100，只要你有心，可以無限細分。

第二，給孩子換一個更容易的工具。

有一天晚上樂樂奶奶給 1 歲多的雄雄餵麵條，雄雄一邊吃一邊要玩各種玩具。樂樂奶奶發出無奈的歎息：「怎麼現在吃飯要玩玩具呢？」聽到樂樂奶奶這樣說，我也覺得很奇怪。因為我們家一直沒有讓孩子一邊吃飯一邊玩玩具的習慣。

而且這個習慣一旦養成，後患無窮，尤其是對雄雄這種「想要什麼就一定要到，否則就很難安撫」的孩子，如果前面的習慣沒養好，後面再糾正就太難了。

我觀察了 1 分鐘，終於發現了問題所在。

原來樂樂奶奶沒有給雄雄湯匙讓他自己吃飯，雄雄沒什麼事可做，就總想要玩點兒什麼。

我：媽，你沒給他湯匙讓他自己吃飯，所以他才想要玩具。

樂樂奶奶：我給他湯匙了，但是他一會兒就扔地上了，不要。

聽起來，樂樂奶奶說的也是事實。

我嘗試又給了雄雄一次湯匙，我發現，他會試著去舀碗裡面的麵條，但是舀不起來，然後就沒耐心了，直接扔掉。原來如此，因為他沒有舀成功，沒有成就感。

我拿了一把叉子遞給雄雄，拿著他的手，教他用叉子把麵條舀起來送嘴裡。

他享受到了成就感，馬上就對自己吃麵特別有興趣，很快自己一個人就可以把麵條舀起來吃了。雖然每次只能舀起來一點點，甚至有時候只能舀起來一小片菜葉，但是這種成就感足以驅使他不停地去嘗試。有了自己可以做的事情，而且還特別有成就感，雄雄完全沒有再提要玩玩具的事情。

這件事情，看起來是孩子吃飯要玩玩具這樣一個習慣不好的問題，但背後的真相，卻是大人沒有給孩子動手做自己力所能及的事情的機會。再深入一層去看，其實是因為孩子自己嘗試了但是沒有成就感，所以直接放棄的問題。當我幫雄雄把湯匙換成了叉子，幫助雄雄「降低難度」，雄雄很快就享受到了勝任感，所以馬上就提升了自己吃飯的意願，同時也就降低了玩玩具的意願，因為自己吃飯的勝任感更大。

　　第三，難度降低的程度以孩子有動力去做為準。

　　到底要降低到什麼難度，其實沒有標準答案。以學跳繩為例，有些孩子只需要把難度降低到每天跳 10 個就可以了，但是有些孩子可能需要把難度降到能跳過去 1 個才可以。還有一些孩子可能需要把難度降到不拿繩子原地跳 10 下，因為他根本跳不過去，只有降低到這樣的程度才能激發他願意去學習跳繩的動力。我在第五章「拆解目標」這個工具裡面詳細分享了我陪伴樂樂從不會跳繩到全年級跳繩得獎的過程。

　　我們可以去回想一下平時孩子不願意做的那些事情，就會發現很多都是因為孩子遇到了困難，而且那個困難超出了他自己能夠解決的能力範圍。這個時候你有沒有去幫助孩子「降低難度」呢？其實，只需要做一個小小的改變，把難度適當降低，就能更容易讓孩子獲得勝任感，這樣孩子的內在驅動力也會隨之而來。

深度陪伴工具

降低難度

把難度適當降低，孩子更容易獲得勝任感。

1・把任務進行更細的拆分。

2・給孩子換一個更容易的工具。

3・難度降低的程度以孩子有動力去做為準。

自主感：激勵孩子自發去做

回想自己的人生，我其實走過很多彎路。透過和父母想要安排我的人生不斷抗爭，終於拿回了自己的人生主動權。哪怕走了一些彎路，我還是對現在的工作生活都很滿意。

我的父親是老師，他一直希望我當老師，但是我不喜歡，所以當年填寫高中學校志願的時候，我故意擋掉一切可能畢業後會當老師的專業。結果兜兜轉轉，現在的我還是成了一名老師，只不過不是站在三尺講臺上給孩子上課的老師，而是在互聯網上，給千萬媽媽講深度陪伴的老師。

我走過的彎路證明，其實父親的建議我是可以聽的，只是當年的我，把所有的注意力都放在「我要拿回自己的人生主動權，我要按照自己的想法去過一生」上，哪裡聽得進去呢？

我想，不光是我，正在閱讀這本書的你可能也有過類似的經歷。

所以，我也希望更多的父母能夠重視孩子自主感的培養，讓孩子從小就能拿到自己的人生主動權，這樣他們才不會為了和父母抗爭而故意不去做某件事情，甚至故意不去做明明他們

有能力做得很好的事情，那真的是太可惜了。

接下來將分享五個增強孩子「自主感」的深度陪伴工具和方法，幫助父母提升孩子學習的內在驅動力。

◆ 讓孩子自己體驗前面的「坑」，他才有意願去改變

每一位愛孩子的父母都希望自己的人生經驗能夠變成孩子的墊腳石和起跑線，所以自己看到前面有個坑，就希望自己的孩子能夠完美地避開。

但是，孩子卻不領情，他們往往會不聽父母勸，義無反顧地往坑裡跳。

這是為什麼呢？為什麼我們明明為了孩子好，孩子卻不願意聽呢？

這是因為每個人的人生都得自己親自走一遍，沒有任何人可以代替。我們之所以知道前面有坑，是因為我們親自走過、體驗過。如果我們的父母只是言語上告訴我們這些大道理，不給我們體驗的機會，我們也不會知道。

所以，你的孩子跟你一樣，你再為他好，他該走的彎路、該跳的坑，還得親自去走、親自去跳，因為這是他的人生，他擁有完全的自主權。大道理永遠無法成為孩子人生的墊腳石和起跑線，體驗才能。只有當孩子自己體驗過了，他才會覺得這是自己闖出來的路，自己悟出來的道理，才會有一種「人生由我」的自主感。

所以，想要提升孩子的自主感，第一個深度陪伴工具就是

「用體驗代替大道理」。

對於習慣了跟孩子講大道理的父母，如何做才能放下脫口而出的大道理，盡可能給孩子機會去體驗呢？

第一，允許自己講大道理，也允許孩子去體驗。

有一天傍晚，樂樂騎著自行車跟我一起散步，騎到一個地方，有一個水坑，旁邊還有很多泥沙。我對樂樂說：「樂樂，你不要騎到那個地方去了，不然鞋子很容易弄濕。」

誰知道，樂樂聽完我的話，反而對那個水坑產生了濃厚的興趣，他故意一遍又一遍地在那個水坑裡騎來騎去，一邊騎還一邊開心地衝我喊：「媽媽，在水裡騎車好好玩啊！」

突然，樂樂喊了一聲，我一看，自行車不小心卡在水裡的泥沙裡了，樂樂一隻腳淹沒在水裡，整隻鞋子都弄濕了。剛才還一臉興奮的樂樂，馬上哭喪著臉跟我說：「糟糕，媽媽，我的鞋子全部弄濕了，我要回去換鞋子了。」

那一刻，他是真的體會到了我一開始提醒他的那個「鞋子會弄濕」的大道理，只不過這個道理不是我教給他的，而是他自己體驗到的。我突然覺得很好笑，我為什麼要去跟他講道理？我為什麼要去提醒他？孩子根本都不會聽道理的，他們只喜歡體驗。同時我也相信，以後他再在水坑附近騎車時，一定會小心謹慎，不讓自己的鞋子被水弄濕了，因為他實在不喜歡鞋子被弄濕的感覺。

你看，我也是允許自己對孩子講大道理之後，才體驗到孩子是根本不聽大道理的，所以下次我就不會再說了。因為我允

許了孩子按照他自己的想法去體驗，沒有責備他，所以孩子體驗到了被打濕的不好感受，下次也會注意不去踩坑了。

因此，如果你是一位喜歡講大道理的媽媽，沒關係，先允許自己講大道理，但記得同時也要允許孩子去體驗。

第二，告訴自己，有時讓孩子往坑裡跳才是捷徑。

有時候，眼睜睜看著孩子往坑裡跳，反而是讓孩子未來的人生少踩坑的捷徑。

雄雄不到 2 歲時，有一天，樂樂突然對我說：「媽媽，我覺得你現在陪弟弟的時間比陪我多，我也需要你的陪伴。」

我很驚訝。

我：不是媽媽不陪你，之前不是你說，你不需要媽媽的陪伴嗎？你說你現在最喜歡跟同學、朋友在一起玩，你覺得朋友比爸爸媽媽更重要，而且你還經常對我說，你喜歡自己一個人，讓我不要打擾你。所以媽媽就尊重你的想法了。

樂樂：我是喜歡跟同學一起玩，我看書、做作業時是不喜歡被打擾，但是我發現我也需要你的陪伴。

我：媽媽也很想多跟你待會兒呀，可是每天晚上媽媽下班回到家，你都在做作業。等你做完作業，我也要陪弟弟睡覺了，所以我們總是沒有交集，那怎麼辦呀？

樂樂：那我就在放學前，在學校把作業寫完。

我：這個能做到嗎？

樂樂：能。

　我：好呀，如果你能這樣安排，那媽媽就早點下班，多
　　　一點時間陪你，好不好？

樂樂：好。

　　其實樂樂的作業 1 個小時就能完成，所以學校的 2 節課後班他是有足夠的時間去完成作業的。

　　但是，他經常會把課後班的時間用來看書或者做其他事情，然後回到家再趕作業。雖然每天晚上 9 點睡覺之前作業都能做完，但是晚上就沒有太多時間玩了。

　　不過這是他的選擇，我也沒有干涉，畢竟他自己覺得挺好的就好。時間的安排，作業的安排，他才是主體，我只是配角。

　　但是我沒有想到，突然有一天，他自己會因為想要媽媽多一些的陪伴，主動提出放學前寫完作業。

　　如果我在樂樂說「媽媽，我覺得朋友比父母更重要」時，強行去糾正他「家人才是你背後永遠的港灣」；如果我在樂樂說「我喜歡一個人，你不要打擾我」時，強行去糾正他「我是你的媽媽，我要盡到我的責任，所以作業我必須得盯著你做完我才能放心」，我想，樂樂就沒有機會體驗到，原來即便有好朋友，即便有那麼多好的書籍、有趣的遊戲，但他還是需要媽媽的陪伴，他也不可能為了這份陪伴，自願提出在學校就完成所有作業的建議了。

　　體驗是人性使然。

　　其實想想我們自己，也是一樣的。健康專家和醫生們都跟我們講了很多大道理，熬夜不好，要早點睡覺，可是我們還是

忍不住要熬夜。直到有一天身體出現了問題，免疫力降低了，生病了，我們才會真正開始改變生活方式，才會真正開始早睡早起。

所以，在陪伴孩子的過程中，要多給孩子一些體驗的機會，體驗之後他才會更有意願去改變。因為體驗是孩子自己掌握主導權，而講大道理是父母在掌握主導權。

而且越早給孩子越多的機會去體驗，孩子就能越早領悟父母想要傳遞給他的那些道理。

當然，大家現在聽我講的其實就是「大道理」，如果你沒有體驗，也很難做到在陪伴孩子的過程中，用體驗代替大道理。所以，從今天開始，一定要把這些大道理用起來，在用的過程中去體驗深度陪伴帶給你和孩子的滋養。

深度陪伴工具

用體驗代替大道理

多給孩子一些體驗的機會，體驗之後他會更有意願去改變。

1・允許自己講大道理，也允許孩子去體驗。

2・告訴自己，有時讓孩子往坑裡跳才是捷徑。

◆ 給孩子選擇權，孩子才知道他永遠都可以選擇

不知道你是否有過這樣的體驗，覺得自己已經盡力了，結果卻還是這麼糟糕，真的沒辦法了，沒有選擇了。這種喪氣又無奈的感覺，很拉低一個人的能量。

我也曾經有過這樣的感覺，但是當我重新站起來，重新選擇接下來的行動，走出困境時，我才發現，在那個喪氣又無奈的當下，困住我的，不是沒有辦法，沒有選擇，而是我誤以為我沒有選擇。

當我誤以為我沒有選擇時，便覺得無法掌控自己的人生，只能聽天由命了，一丁點兒站起來的動力都沒有了，完全失去了內在驅動力。

孩子也是這樣，如果我們讓孩子覺得他在學習上無法選擇，讓孩子覺得他沒有人生的掌控權，那麼孩子也將會失去學習的內在驅動力。

所以，想要提升孩子的自主感，第二個深度陪伴工具就是「給孩子選擇權」。

但是，有些父母總會擔心，萬一讓孩子選擇要不要做作業，孩子選擇不寫怎麼辦？萬一孩子的選擇會給他帶來危險或者傷害怎麼辦？萬一孩子做了一個非常錯誤的決定怎麼辦？

這些都是我們在踐行「讓孩子選擇」這個工具時，父母常見的障礙，因為這些障礙，很多父母始終不敢讓孩子自己選擇，或者給了孩子選擇權，然後中途又收回了。

我們到底應該怎麼「給孩子選擇權」呢？

第一，不會對孩子造成傷害或者危險的事情，讓孩子自己選擇。

作為父母，保護孩子的身心安全肯定是第一位的。比如孩子說，「我就要橫穿馬路」，那當然不能讓孩子選擇。因為作為孩子的監護人，父母的首要責任是保證孩子的身心安全，不能讓孩子置身於危險的處境。除了危險的事情外，可以讓孩子從小就自己做選擇。

但是很多父母會習慣性地限制孩子，其實是因為自己怕麻煩或者認為自己的建議對孩子更好。

有一天早上我帶 2 歲半的雄雄出門，雄雄想把他好幾輛大型玩具車都帶出去，裝了滿滿一袋子，很重。

在我看來，帶這麼多玩具車真的沒必要，也沒那麼多時間玩，而且很重，孩子根本就拎不動。

但我最終還是尊重了雄雄的選擇，讓雄雄自己拎著很重的一袋子玩具車出門。

出門才走一小會兒，雄雄就說：「太重了，寶寶拎不動，媽媽拎。」我說：「剛才媽媽說了，媽媽也拎不動，那這樣吧，咱們一起拎。」然後我把一邊的手提帶給他，我們一起拎著走了。

這樣做的好處是，既滿足了孩子的需求（要帶一袋子玩具出門，而且要自己拎），又讓孩子體驗到了自己能力的局限性（太重了），還讓孩子體驗到了，自己有困難時，總會有人願意幫助他（我願意分擔一半重量），同時，還讓孩子養成了自我負責的好習慣（雄雄自己負擔了一半的重量）。

如果我強迫雄雄放棄帶那一大袋子玩具車出門，那麼雄雄

就無法感受到自己能力的局限性，也無法體驗自我負責的成就感，也會因為需求總是得不到滿足，而失去很寶貴的自主感。

第二，可能會有危險的事情，讓孩子自己選擇的同時，父母暗中保護。

二寶雄雄才不到 9 個月時，就會去爬櫃子，可能會出現他抓不穩掉下來的情況，所以我讓他按照自己的選擇去做的同時，會在旁邊悄悄保護他，確保他的安全。而不是乾脆禁止他爬櫃子，因為爬櫃子本身也是在鍛鍊孩子的大運動能力和力量。

雄雄很喜歡在家裡翻箱倒櫃，可能會夾到手，也可能會有一些鋒利的東西傷到他。我的做法是允許他翻箱倒櫃，但是我會把刀子、剪刀這些利器先收起來，他玩的時候，家裡也會有人在旁邊看著，注意他不要夾住手。他想玩螺絲刀這些工具的時候，也會讓他玩，但是旁邊仍然會有人看著他，保護他的安全，確保他不會受傷。而不是為了大人方便，乾脆給抽屜加上鎖扣，把家裡的抽屜全部鎖起來，讓孩子不要去翻。

第三，重要的事情，可以把部分選擇權交給孩子。

比如孩子學習這件事情，我們不可能一開始就讓孩子選擇要不要上學。

如果孩子已經到了厭學的地步，那另當別論。

因為上不上學，是非常重要的事情，關係到孩子的一生。七八歲的孩子是沒有足夠的認知去決定要不要上學的。

但是，我們可以把這麼重要的事情裡面的部分選擇權交給孩子。比如，問孩子想什麼時候開始做作業，想先做哪門作業，

想先做作業還是先玩，這些都可以交給孩子來選擇。

第四，其他事情，盡可能多地給孩子選擇權。

除了剛才提到的三種情況，其他事情，父母要盡可能多地把選擇權給孩子，不要擔心孩子會濫用選擇權。

樂樂小的時候，有一次樂爸給他洗澡，洗了一會兒，樂爸催樂樂起來。

樂樂不同意，對樂爸說：「你不要說起來了。」樂爸開始妥協：「那 2 分鐘後就要起來了。」

樂樂不同意，繼續抗議：「你不要說 2 分鐘後就起來了。」樂爸沉默了 5 秒，問樂樂：「那你說要幾分鐘起來？」

樂樂脫口而出：「我要 3 分鐘。」樂爸回答：「好。」

我在浴室外聽到他們的對話忍不住笑了起來，很多時候我們覺得孩子故意跟我們作對，其實孩子爭的不是多一分鐘少一分鐘的事，他們爭的是自主權。相信我，一個需求得到足夠滿足的孩子，一個有過足夠自主機會的孩子，他們是不會提出太離譜的需求的。

有一次早上出門前我給樂樂洗澡，樂樂洗完澡後，就裹著浴巾躺在床上，半天也不穿衣服。我問他為什麼不穿衣服，樂樂說：「媽媽我在唱歌。」我開始給他建議：「那可以邊穿衣服邊唱歌嗎？」樂樂回答：「不可以，因為那樣唱歌就會『抖』。」我說：「這樣啊，那真是沒法同時做呢。」接著我說：

「樂樂，你知道嗎？穿不穿衣服都是你的選擇，你可以選擇穿
衣服，也可以選擇不穿衣服。如果你選擇現在穿好衣服，待會
兒就會發現我們出門一點也不匆忙了；如果你選擇現在繼續躺
在床上，待會兒會發現我們就要匆匆忙忙地出門。想要什麼樣
的結果，完全由你來決定。」

　　樂樂聽完我的話，馬上就開始穿衣服了，而且很快就穿好
了。等他穿好之後，我問樂樂：「穿衣服是你的選擇還是媽媽
的選擇？」樂樂非常驕傲地回答：「是我的選擇。」

　　前一秒還在故意跟你作對的孩子，下一秒就乾脆俐落地行
動起來了，「讓孩子自己選擇」就像魔法一樣神奇，因為每個
孩子都想要「我能夠自己做主」的感覺。

深度陪伴工具

給孩子選擇權

給孩子選擇權能讓孩子體驗到「我能夠自己做主」的感覺，孩子會更願意行動起來。

1・不會對孩子造成傷害或者危險的事情，讓孩子自己選擇。

2・可能會有危險的事情，讓孩子自己選擇的同時，父母暗中保護。

3・重要的事情，可以把部分選擇權交給孩子。

4・其他事情，盡可能多地給孩子選擇權。

◆ 孩子不想做作業，用夢想激發孩子的熱情

孩子上了小學之後，作業就成了父母非常頭疼的事情。尤其是上了高年級，學業壓力增大，玩的時間變少，不想做作業的孩子越來越多。

父母總想著透過催促、嘮叨、懲罰、獎勵等方式來激發孩子做作業的意願。剛開始可能有用，但時間久了，孩子就會對父母這些慣用伎倆「免疫」了：父母的催促和嘮叨就當作沒聽

見，對待父母的懲罰也麻木了，父母的獎勵也沒有吸引力了。

但是我們會發現，當孩子打喜歡的遊戲，玩喜歡的奧特曼卡牌，搭喜歡的樂高，看喜歡的書時，一點兒都不需要父母提醒，孩子腦子裡時刻都記得這些，一有時間準會去玩。

這是為什麼呢？

難道僅僅是因為做作業沒有剛才提到的這些遊戲好玩嗎？

不是！就拿看書這件事來說，有的孩子對書特別喜歡、特別著迷，但是對有的孩子來說就很痛苦。喜歡看書的孩子，是因為他們的喜歡是由內而外的，而不是透過父母外部施壓和管制才喜歡的。

到了高年級，我們會發現，有的孩子還會對研究數學、物理難題特別著迷，甚至對參加奧數比賽樂此不疲。比如北大數學天才韋東奕，還有我身邊最熟悉的樂爸，就是對數學特別著迷，特別喜歡挑戰難題。孩子對數學的喜歡也是由內而外的，不是由外而內的。

所以，讓孩子自己產生「我想要做作業」的自主感，才是激發孩子做作業熱情的最好方法。

對於普通孩子來說，可能未必在某個學科上那麼有天分，學起來那麼輕鬆，那麼如何才能讓普通孩子在做作業這件事情上也能產生自主感呢？答案就是「激發孩子的夢想」。

因為每個孩子從小就會有很多對未來的嚮往，只要父母不去打壓、否定，這些對未來的嚮往就是夢想。夢想會激勵孩子不斷努力、迎接挑戰、克服困難，因為孩子知道，這是他想做的事情，不是父母逼他去做的。

所以，想要提升孩子學習的「自主感」，第三個深度陪伴

工具就是「激發孩子的夢想」。

如何激發孩子的夢想呢？

第一，透過孩子的喜好去激發孩子的夢想。

即便孩子不知道他未來想做什麼，他也一定有一些自己的喜好。這些喜好可以是孩子報的興趣班，也可以是孩子想要成為什麼樣的人。從孩子的喜好入手，更容易找到孩子的夢想。

因為每一個喜好後面都有很多的社會角色，也就是我們成年人從事的各種職業。比如一個孩子喜歡吃糖，那就有可能成為「糖果品嚐師」；如果一個孩子喜歡玩遊戲，那就有可能成為「遊戲設計師」或者「遊戲測試員」。

即便孩子暫時還不知道自己具體要成為什麼角色，只要他有一個大概的方向就可以，不用太嚴苛。

也許這些夢想有一天會發生變化，甚至孩子長大後從事的事情跟童年的夢想無關，那也沒有關係。

有一次剛放寒假，我帶樂樂去公司上班，我工作，他做作業。下班的時候，我發現，他當天計畫的寒假作業才做了一點點。

> 我：為什麼你早上出門的時候答應了媽媽要做作業，但是媽媽下班了你還有好多都沒完成呢？
>
> 樂樂：我不喜歡寫這些作業，如果可以不用做作業，或者有好玩的作業就好了。
>
> 我：樂樂，你以後想成為一個什麼樣的人呀？比如你想成為一個領導者，還是參與者或者追隨者？

樂樂：領導者。

我提這個問題，就是因為我想要透過幫助樂樂確定他想要成為什麼樣的身份，來激發他主動做作業的意願。成為「領導者」就是這個年齡的樂樂的夢想。

第二，幫助孩子看到他已經具備的對夢想有幫助的能力。
確定了樂樂想要成為「領導者」這樣一個身份後，我開始透過提問去幫助樂樂看到他已經具備的對夢想有幫助的能力。

> 我：好，那媽媽問你，如果我宣導要深度陪伴孩子，但是我自己都不陪伴自己的孩子，你覺得我能成為一個領導者嗎？
>
> 樂樂：不能。
>
> 我：所以，如果你想當領導者，那就意味著要更加自律，要肩負更大的責任感。給你舉個媽媽的例子，媽媽第一本書還沒有出版之前，每天早上 5 點鐘就起床寫粉絲頁文章。冬天的時候，天都是黑的，早上很冷。媽媽從 5 點寫到 7 點，然後我要叫你起床、洗漱、吃飯，再去上班。晚上 9 點把你哄睡以後，媽媽繼續寫，寫到 11 點多才睡。我也不想早上那麼早起床，我也想多睡一會兒呀，可是媽媽為什麼要早起呢？
>
> 樂樂：因為你有追求，你要以身作則，你要透過寫文章讓大家明白你的理念。
>
> 我：對，我要透過寫文章去傳遞深度陪伴的育兒理念。

如果我自己內心知道，可是我從來不去分享，不去
傳遞，你說我能幫到別人嗎？我能成為領導者嗎？

樂樂：不能。

　我：媽媽以前跟你分享過查理‧芒格說過的一句話，這
句話非常經典：你想得到什麼，最好讓自己能夠配
得上擁有它。這個跟領導者是一樣的。你想成為領
導者，那你有沒有讓自己擁有領導者這個身份的能
力呢？想想看？

樂樂：有一半。

　我：你覺得你現在有哪些領導者的能力了？哪些還沒有
呢？

樂樂：學習能力。

　我：學習能力有了，還有嗎？

樂樂：表達能力。

　我：表達能力，還有呢？

……

當然，這個年齡的孩子肯定能力還非常欠缺，但是我們一
定要幫助孩子把注意力放在他已經具備的對夢想有幫助的能力
上，而不是總關注那些還不具備的能力。

在前面關於「勝任感」的章節我們講過，只有當孩子感覺
我有能力實現夢想的時候，孩子才會有更大的內在驅動力。

第三，說明孩子找到實現夢想的路徑。

夢想很吸引人，但是如果沒有一條通往夢想的路徑，那麼

孩子也就是三分鐘熱情，很快就會把夢想丟到腦後了。

　　所以光有夢想，光具備能力，還不夠，還需要有具體的路徑，孩子才知道如何一步步腳踏實地地去學習、行動，從而實現自己的夢想。

　　我繼續跟樂樂聊：

　　我：哇，今天媽媽跟你聊天收穫很大，沒想到你不到 10 歲，自己已經有這麼深度的思考了，今天你跟媽媽聊天有什麼收穫嗎？

樂樂：我覺得我已經構建好了我未來的前程和藍圖。

　　我：還有嗎？

……

　　我：假設自信值滿分是 100 分，你覺得你可以實現你未來藍圖的自信值是多少分呢？

樂樂：70 分。

　　我：那你覺得剩下的 30 分可以如何增強呢？

樂樂：第一，發揮我的領導能力。

　　我：那你會如何發揮你的領導力呢？比如有的人是展現自我的力量，覺得自己很厲害，別人不聽自己的，就會有他的好看。這樣也可以成為領導者，但是這樣的領導者是透過壓迫別人實現的，別人會反抗的。還有一種領導者是，自己有好多好玩的遊戲，邀請別人一起玩，可以帶給別人快樂開心。

樂樂：我就是後面這種。

　　我：還有一些領導者是學習能力特別強，是學霸，如果

別人經常跟他玩，別人的學習也不會差。

樂樂：這也是我的優勢。

　我：還有一些領導者是家裡很有錢，天天請別人吃東西，
　　　跟著他，別人的吃喝他都包了，這樣也可以成為領
　　　導者。

樂樂：這種不好。

　我：對，一旦沒錢了，別人就走了。還有一種是打遊戲
　　　很厲害，家裡有很多遊戲機，到他家裡可以隨便玩。

樂樂：這種也不要。

　我：有很多種成為領導者的方式，看你的優勢是什麼，
　　　你就選擇什麼。

樂樂：我選快樂和學習。

　我：你剛才說你有些不喜歡現在的學習方式和作業方式，
　　　現在你感覺有什麼變化嗎？

樂樂：之前我覺得寒假作業很難，現在我覺得寒假作業還
　　　是有必要做的。

　我：還有嗎？

樂樂：心情變輕鬆了。

　　透過跟樂樂溝通，我幫助樂樂意識到，他可以不斷發揮自
己快樂和學習的優勢，去達成自己成為領導者的目標，這樣就
有了具體的路徑，他的行動力自然就起來了。

　　所以跟樂樂聊完天之後，樂樂對待寒假作業的態度就完全
不一樣了，兩週不到，樂樂的寒假作業就基本完成了。

如果不是跟樂樂聊天，我可能永遠都不知道，他對自己的瞭解是如此

清晰，他對自己的未來有著如此高的期待和藍圖。

我們大人總覺得孩子還小，什麼都不懂，但是我們忽略了在這個資訊空前發達的時代，孩子有 N 種方式去獲取資訊，他們對資訊的獲取能力和加工內化能力，遠比我們這一代強。

也因此，他們會更早地思考人生的意義，更早地思考自己的未來要往哪裡去。作為父母，這個時候就可以發揮優勢，引導孩子思考他們想要成為怎樣的人，並且透過哪種路徑去達成。孩子自然就會發現，學習一定是實現夢想的核心要素，並且他可以自己決定要如何去學習以實現自己的夢想。**一旦激發了孩子的夢想，孩子就能把學習變成他的自主選擇。**因為是孩子自己想要做的事情，所以內在驅動力自然就有了。

深度陪伴工具

激發孩子的夢想

一旦激發了孩子的夢想，孩子就能把學習變成他們的自主選擇。

1・透過孩子的喜好去激發孩子的夢想。

2・幫助孩子看到他已經具備的對夢想有幫助的能力。

3・說明孩子找到實現夢想的路徑。

◆ 家有起床困難戶，試試玩遊戲

我小的時候，是出了名的起床困難戶，但是現在的我，從來沒有起床困難的問題。究其原因，是因為小的時候，父母每次叫我起床的方式都讓人特別痛苦，所以我不想起床。

我記得在寒冷的冬天的早晨，父親為了叫醒我起床，甚至會在我的臉上撒一些冰冷的水。所以，回想起童年起床的場景，全部都是痛苦的回憶。

所以，在樂樂小時候我就想，千萬不能讓樂樂感覺起床是痛苦的，我要讓樂樂感覺起床是開心的、幸福，這樣他才能養成自願早起的習慣。

怎麼才能讓孩子感覺起床是開心的、幸福的呢？當然是跟孩子一起玩遊戲。其實不光是起床這件事，任何事情，只要我們想要讓孩子自發自願地去做，用遊戲的方式準沒錯，因為遊戲是孩子的語言。

所以，想要提升孩子的自主感，第四個深度陪伴工具就是「遊戲力」。

很多父母會覺得自己不會玩遊戲，所以不知道怎麼踐行「遊戲力」這個工具，這裡有三個竅門：

第一，放下畏難心理，告訴自己，孩子對遊戲的要求並不高。

很多父母覺得自己不是一個特別擅長玩的人，所以就認為自己不會設計適合孩子的遊戲，其實不然。

我曾經也這麼認為，但是當我有了孩子，當我開始創造出

一個個樂樂特別喜歡並且會特別配合的遊戲出來,我才知道,這些都是父母給自己設置的局限。

對孩子來說,他們更在乎的是父母是可親近的,還是嚴肅冷漠的。父母願意用遊戲的方式跟孩子互動,就說明父母是可親近的。而且因為遊戲是孩子的語言,所以孩子會覺得你是懂他的。他們對遊戲的要求本身並不高,哪怕是蹩腳的遊戲,也比嚴肅的對話要好。

第二,把成年人的語言轉換成孩子更易理解和更感興趣的表達方式。

樂樂上幼稚園的時候,有一天早上起床時,他坐在床上好半天了連個衣服袖子都沒有穿進去。以前沒有那麼冷的時候,我都是不管他的,但是那一天特別冷,那麼冷的天氣,連我都覺得受不了,真的很擔心孩子會被凍到。但我知道,催促是沒有任何用的,唯一管用的只有遊戲。

> 我:樂樂,我們現在要發射火箭了,你想要成為一分鐘就能發射出去的火箭,還是要 10 分鐘才慢吞吞發射出去的火箭。
>
> 樂樂:我要 1 分鐘就發射。
>
> 我:那我們得先趕快穿上防護衣。
>
> 樂樂馬上變成緊張的,快速穿上了衣服。
>
> 我:還得趕緊穿上防護褲哦。
>
> 褲子也光速穿上了。
>
> 我:還有防護襪。

襪子也火速穿上了。

　我：好啦，我們現在要進入外太空了。準備好了嗎？

樂樂：準備好了。

　我：門外就是外太空，咱們一起進入外太空看看是什麼
　　　樣的。

我帶著樂樂走出臥室門，然後穿過客廳，來到洗手間。

　我：我們馬上要登陸火星了，登陸之前要先清潔一下身
　　　上的灰塵哦。

　　　先從臉部開始吧。

樂樂很快把臉也洗乾淨了。

　我：還有牙齒也要清潔一下。

牙齒也刷好了。

我拿出防曬乳，遞給樂樂。

　我：現在我們要給小臉擦上一層隱形的防護罩，可以保
　　　護我們避免被外太空的紫外線傷害。

擦臉也是相當地配合，輕鬆搞定！

讓孩子洗臉，是很多孩子都不想做的事情，但是我告訴樂樂，「我們馬上要登陸火星了，登陸之前要先清潔一下身上的灰塵，先從臉部開始吧」。登陸火星、清潔身上的灰塵，是孩子能理解的語言並且是很感興趣的事，所以樂樂自然就願意去做了。

第三，帶著玩的心態。

如果實在不知道跟孩子玩什麼遊戲能激發孩子做這件事情

的內在驅動力，你只需要帶著玩的心態跟孩子說「我們一起來玩洗臉遊戲吧」即可。光是這樣一個心態的改變，孩子的行為都會不一樣。

這就是遊戲的魔力。遊戲是孩子的語言，沒有孩子不喜歡遊戲，只是每個階段的孩子喜歡的遊戲形式會有所區別。父母可以去觀察孩子平時喜歡哪些東西，對哪些事情著迷，然後發揮你的智慧，把這些孩子喜歡的東西或者喜歡研究的事情融入你設計的遊戲裡面，孩子就會特別喜歡。

在樂樂小的時候，我就經常用遊戲力去激發他的內在驅動力。樂樂上小學之後，當他做作業覺得有點枯燥時，我便會啟發他去思考：你覺得有沒有辦法設計一個好玩的遊戲機制，然後把你枯燥的作業變成一場遊戲呢？樂樂自己就會時不時地想出一些好玩的遊戲出來，然後用自己設計的遊戲去激發自己做作業的熱情，我這個偷懶的媽媽只需要引導他去思考就好了，多省心！

遊戲是孩子的語言，它有一種魔力，可以讓再不情願做某件事的孩子也能不自覺地被吸引，從而願意自發自主地行動起來。

深度陪伴工具

遊戲力

遊戲有一種讓孩子自發行動的魔力。

1 · 放下畏難心理，告訴自己，孩子對遊戲的要求並不高。

2 · 把成年人的語言轉換成孩子更易理解和更感興趣的表達
方式。

3 · 帶著玩的心態。

◆ 抓住「哇」時刻，讓孩子體驗全神貫注

父母在陪伴孩子的過程中，最習慣的方式就是用自己的節
奏來帶領孩子。

大家回想一下，孩子小的時候，還不太會表達自己的時候，
我們帶孩子出去玩，一般都是怎麼做的？

是不是會不斷地用手指著各種東西給孩子看？「寶貝，你
看，這是藍色的花朵」、「寶貝，你看，那裡有一群天鵝」、「寶
貝，你看，小鳥在找吃的」……

然後孩子的眼睛就會跟著我們手指的方向轉來轉去，去抓
取我們試圖想要讓他看到的資訊。

但是當孩子大一點後，你會發現，情況開始轉變。當我們

再用同樣的方式去跟孩子溝通時，很多時候會失靈，孩子充耳不聞的情況經常發生。

為什麼？

因為他們開始有自己的興趣點了，也就是說，父母的關注點和孩子的關注點之間的差距越來越大了。

很多時候，父母想讓孩子做某件事情，孩子不願意做，其實並不是孩子真的不願意做，而是在那個當下，父母的關注點在這件事情上，但是孩子的關注點不在這件事情上。

我記得有一次好不容易到週末了，我想帶樂樂去科技館玩，因為樂樂說了很久想要去科技館。結果沒想到，樂樂說不想去了，他想去動物園。樂樂難道不想去科技館嗎？不是，他只是在那一天不想去科技館，因為那一天他的關注點在動物園上。

所以，如果我們想要讓孩子自發自願地學習，很重要的一點就是要抓住某個時間段孩子最關注的點。有時候，孩子突然就對某件事情產生關注了，可能上一秒他還不關注，但是下一秒就感興趣了，這樣的興趣關注點可能轉瞬即逝。

當孩子完全沉浸在自己感興趣的事物上時，就是孩子的「哇」時刻。

這個時候，如果父母還想用自己的節奏去帶領孩子，那麼我們就會錯過一次非常難得的機會去激發孩子的內在驅動力。因為在「哇」時刻，孩子本身已經對這件事情產生了濃厚的興趣，而我們要做的僅僅是允許他去探索，給他提供支援，他就能實質性地邁出很大一步。

所以，如果想要提升孩子的自主感，第五個深度陪伴工具就是抓住「哇」時刻。

怎麼做才能盡可能多地抓住孩子的「哇」時刻呢？

第一，觀察孩子的反應。

如果你說的話孩子沒有反應，或者眼神已經飄離，那很明顯，這絕對不是孩子的「哇」時刻。但是如果你發現孩子講話時，眼裡閃著光，整個人都處在一種特別興奮的狀態，甚至有時候孩子會情不自禁地發出「哇」的聲音，那這一定是孩子的「哇」時刻。

第二，第一時間提供支援。

孩子的「哇」時刻來得快去得也快，如果父母沒有在第一時間支持孩子，這個興趣點可能就會曇花一現。所以一旦我們捕捉到孩子的「哇」時刻，一定要第一時間提供支援。可以是專注地傾聽，也可以是跟孩子一起探索他感興趣的事物，甚至可以是帶孩子去體驗他好奇的東西。

有一天中午，我接樂樂放學回家。樂樂從看到我那一刻開始，就跟我聊他想要發明的「超能電動自行車」，中間好幾次，我都想要把話題轉到我關心的事情上。我問他：「樂樂，你答應媽媽下課期間不看書去操場上玩，你今天去玩了嗎？」樂樂當作沒聽見，繼續跟我大談特談他的發明。

最後，我意識到，樂樂完全無心聽我講任何其他的事情，他百分百沉浸在自己發明創造的想法裡面了。於是，我也就放下了我好奇的想法，安心地當起了聽眾。後來我發現，他並不是說說而已，而是已經有了很多具體的想法，比如他跟我講了

為什麼想要製造全自動駕駛的自行車，為什麼想要用水和泥巴當清潔能源，他甚至想到了這台電動車的成本會比較高，而且體積比較大，所以要怎麼賣出去，要存放在哪裡。他對很多細節都進行了思考，甚至中午吃完飯就迫不及待要開始找材料去製作。之後的那幾天，他一有空就自己畫圖紙，還主動尋求爸爸的幫助，一心一意地思考怎麼實現他的夢想。

我無法確定地告訴你，當我們真正能夠看到孩子一個個「哇」時刻並且選擇無條件支持他時，他的人生具體會有什麼不一樣。但是我可以很肯定地告訴你，這個孩子一定會是一個有過沉浸式全神貫注體驗、有過百分百滿足的孩子。我認為，這些體驗對一個人的一生都至關重要。而且這樣的體驗越多，孩子對自己生活的自主感就越強，那麼他做事情的內在驅動力也會更強。

深度陪伴工具

抓住「哇」時刻

「哇」時刻可以帶給孩子滿滿的全神貫注體驗，幫助孩子增強自主感和內在驅動力。

1・觀察孩子的反應。

2・第一時間提供支援。

◆ 有條件的愛，造就虛假的獨立和自律

小時候，我一直覺得自己是一個很獨立、自律自主的人，我的學習從來不用父母操心。高中時，我所在的年級總共有 5 個班，每個班 50 個孩子。每次考試都會按照上一次考試的排名來給考生編號。全年級前 30 會在第一考場，而我一直都引以為傲的是，我從來沒有出過第一考場。

結果有一次，我突然考到了全年級 50 多名，我完全不能接受這麼差的成績，覺得那簡直是對我能力的侮辱。大哭一場之後，我開始發奮圖強，努力學習，第二次馬上就考到了全年級前 10 名，重新回到了年級的學霸圈。可以說，在整個高中時期，我都是頂著「別人家孩子」的光環過來的。

為什麼我能這麼自律呢？因為從小父母就告訴我，要考一所好的大學才有出息。在父母的灌輸下，我給自己設置了一個目標，要考一所好的大學。而我又是一個先天目標感特別強的人，一旦這個目標定下來，我就會全力以赴。

記得高中時，有一次班上一群女生相約出去吃燒烤，我也在被邀請之列，但是我直接拒絕了，為什麼呢？因為我覺得我現在要全身心準備應戰大學考試，其他任何玩樂都是不能被接受的。

看起來我真的特別自律，真的就是別人家的孩子。

但是，當我工作後再回想起來，我當時看似很堅定地拒絕，其實是有遺憾的，因為我內心最真實的聲音是，我很想去玩。因為當時我有很大的壓力，所以我覺得我必須背水一戰，付出

百分百的努力，任何玩的事情都要放下，否則，萬一考不上大學怎麼辦呢？父母告訴我，大學是唯一的出路。

而我之所以也認同了父母給我設定的目標，那麼執著地想要考上一所好大學，也是希望自己上了大學，就有能力不再依賴父母了。內心還有一個隱藏的聲音就是，我要證明我的能力，當我有能力考上大學，也許我就可以向父母證明我是那個值得他們愛的孩子了。

為了考上一所好大學，我犧牲了很多的東西，包括跟同學出去玩，包括做自己想做的很多事情，壓抑了自己很多真實的需求。

所以，等我終於實現了自己的目標，考上了理想的大學之後，我開始放飛自我，花很多時間在吃喝玩樂上，總想彌補高中三年被壓抑的需求，導致浪費了很多大學裡非常黃金和寶貴的學習機會。

這就是虛假的「自律」。

看似自律，其實不是一個孩子內心最真實的聲音，只是為了父母的期待，為了向父母證明自己值得被愛而做出的看似自律的行為。

所以，**有條件的愛，會造就孩子虛假的獨立和自律。**

正因為我自己經歷過這樣慘痛的教訓，所以在陪伴樂樂的過程中，我非常關注樂樂的行為表現到底是真實的自律還是虛假的自律。

樂樂上幼稚園時，有一次我們在路上看到一個小朋友在吃

冰淇淋，樂樂跟我說：「媽媽，你看那個小朋友在吃冰淇淋，我就不吃冰淇淋，因為冰淇淋太冰了，對身體不好。」

可能你會想，樂樂真自律呀。

但我不這樣認為，因為我太瞭解孩子了，也太瞭解樂樂了。哪有孩子不喜歡吃冰淇淋的呢？所以我知道，這不是他真實的心聲，他之所以這麼說，是因為他擔心自己表達真實的想法會得不到媽媽的認同，因為那段時間他經常生病，幾乎每 1 ～ 2 個月就會咳嗽發燒一次，所以我們會跟他講，不能吃冰的、涼的東西。

我對樂樂說：「其實我們想吃冰淇淋也沒關係，你如果想吃冰淇淋，你說出來媽媽也能理解的。媽媽小時候看到冰淇淋就很嘴饞，很想吃。雖然你最近總是咳嗽，媽媽不能買冰淇淋給你吃，但是如果你很想吃，媽媽是能夠理解的，等你身體調理好了，媽媽也很願意買冰淇淋給你吃。」

樂樂聽完我的話之後，馬上就改口對我說：「媽媽，我喜歡冰淇淋，我也想吃冰淇淋。」

因為我的話讓樂樂覺得媽媽對他的愛是無條件的，我並不會因為他說想吃冰淇淋就說教他、批評他，他也就不會因此錯誤地認為他必須要表現得特別自律才能贏得我的愛，因此，他也就不會再出現類似虛假「自律」的行為了。

所以，我們千萬不要鼓勵和縱容孩子虛假的「自律」和虛假的學習「自主性」，這只會壓抑孩子的真實想法，而這種壓

抑一定會在他後面的人生中加倍地反彈回來，就像當年的我一樣。

當然，現在我又很感謝大學 4 年放縱自我的時光，因為那 4 年的自我放縱，讓我開始無形中從為了父母的期待而活、為了一個盲目的目標而活的狀態，回歸自身，關注自己的真實需求——能夠在大學畢業之後，勇敢地去追尋自己內心想要的東西，不管世俗的眼光，也不再被父母帶來的無形壓力所束縛。一直到樂樂出生之後，我終於找到了自己的人生意義和使命，那就是幫助千萬媽媽在充滿支持和陪伴的環境中做好對孩子的深度陪伴，並且讓孩子和媽媽彼此都能從中得到愛的滋養。

連結感：情感的連結給孩子滿滿的動力

　　人天生渴望連結，渴望愛與被愛，需要歸屬感。因為我們在很大程度上是透過人際關係來獲得存在感、建立身份認同、定義自己的，所以我們需要找到同類群體，他們能夠與我們的經歷和感受產生共鳴，給予我們鼓勵和支持，與我們一同分享快樂與煩惱。

　　所以每個人都需要連結感，這是人生存和發展的本能。

　　為什麼孩子都需要夥伴，而不是自己一個人玩？

　　為什麼孩子都需要回到線下真實的群體課堂中去，而不是每天自己在家一個人上網課？

　　這都是基於「連結感」的需要。

　　接下來將分享三個增強孩子「連結感」的深度陪伴工具和方法，幫助父母提升孩子的學習內在驅動力。

◆ 換個氛圍，孩子大不一樣

我曾經是非常典型的實用主義派，買東西講究實用，看書講究有用，做事情講究高效。在一切順遂的時候，這沒有什麼問題。但是當陷入低谷時，我發現，真正幫我從低谷中產生動力，重新走出來的，往往是那些讓我感覺溫暖的人、事、物，而不是以前我追求的那種實用、高效的做事方式。

孩子的學習也是這樣。當孩子對某件事情本身就非常感興趣時、當孩子沒有遇到任何困難時、當孩子跟父母沒有產生衝突時，父母直接給孩子指令，要求孩子學習、做作業、做父母佈置的額外作業都沒問題。

但是，**教育通常就發生在孩子對某個科目失去了興趣，孩子的學習遇到了困難，孩子跟父母產生了衝突時。**

這個時候，如果孩子感覺家是冷冰冰的、沒有溫度的地方，父母也只會冷冰冰地給孩子命令學習任務，父母和孩子的溝通內容也全部都是冷冰冰的學習，那麼孩子和父母之間就不會產生連結感，他們的內心也會沒有能量，繼而失去對學習的熱情。

相反，如果父母能夠在冷冰冰的、枯燥的學習任務之外，在家裡給孩子營造一種良好的氛圍和環境，帶給孩子溫暖，那麼孩子就能夠感受到和父母之間的連結感，這將讓處於困境中的孩子、對學習暫時失去興趣的孩子、跟父母剛剛鬧了矛盾的孩子，內心重新恢復能量，有動力繼續學習下去。

所以，如果你想要提升孩子的連結感，第一個深度陪伴工具就是「營造好的氛圍和環境」。

具體要怎麼做，才能營造好的氛圍和環境呢？

第一，加入爸爸媽媽的愛和用心。

樂樂 3 歲半的時候，不太愛跑步，一跑就喊累，因為運動少，所以抵抗力差，經常生病。所以，我跟樂爸一起做了一個親子運動計畫，每天晚飯後半小時，帶樂樂去社區裡慢跑。

我們在池塘邊找到一個絕佳的位置，那裡有一顆綠樹成蔭的大樹，大樹四周用一個周長大概為 25 公尺的方形水泥台圍著。我們帶著樂樂繞著這個方形水泥台慢跑。剛開始，樂樂跑一圈就停下來說：「媽媽，我累了，我不要跑了。」但是我會繼續跑，希望可以帶動他，這時樂樂就會跑過來抱著我的腿說：「媽媽，你不要跑了，我們休息一下吧。」

我絞盡腦汁想到一個好玩的辦法，我跟樂樂分別朝相反的方向跑，這樣我們每圈都可以遇到。我告訴樂樂，每當我們遇到的時候，爸爸媽媽都會分別給他一個擁抱，然後擊掌慶祝。我們試了一圈兒，樂樂覺得非常好玩，既有媽媽的擁抱，還有擊掌的成就感，也不喊累了，充滿了動力。相遇的時候，有時候我會故作驚訝地說：「啊，我們又見面了」，有時候我會說：「嘿，又碰到你了」，讓他覺得跑步就跟我們在家裡一起玩沒有什麼兩樣，所以樂樂非常期待每一圈我們的碰面。碰到了，他就會「咯咯咯」笑個不停，開心地繼續跑下一圈。

有一天晚上，晚飯後我忙自己的事情，忘記了帶樂樂運動，他居然主動提醒我：「媽媽，你帶我到樓下跑步吧。」我一看時間，已經 7 點 50 了。想想回來會很晚了影響睡眠時間，我就對他說：「已經快 8 點了，我們今天就直接洗澡睡覺好不好？」樂樂卻很堅定地回答：「媽媽，我們要鍛鍊身體，我們

要運動，你帶我下去運動好不好？」

其實都是跑步，但是第一種方式，就是為了完成任務的跑步，機械又枯燥；而第二種方式，既有爸爸媽媽溫暖的懷抱，又有相遇的驚喜，還有慶祝的儀式感。這些細節的小小變化，讓整個跑步的過程變得更加溫馨，讓孩子感覺爸爸媽媽一直是用心陪伴自己、和自己互動的，孩子自然也就會從不想做變成迫不及待想要去做了。

第二，加入放鬆和快樂的元素。

好的氛圍和環境一定離不開放鬆和快樂的元素。想一想，父母要求孩子必須跑夠多少圈，是放鬆的嗎？是快樂的嗎？當然不是。但是如果我們把它轉換成一種輕鬆的形式，讓孩子從中感受到放鬆和快樂，而不是一種負擔，孩子會更願意嘗試，比如對孩子說「我們朝相反的方向一起跑，碰到了媽媽會給你一個擁抱」。

第三，加入適當的儀式感。

為什麼過生日如果沒有生日蛋糕、生日蠟燭、生日歌，即便去五星級酒店慶祝，好像也會少了 90% 的生日氛圍？因為缺少了這三樣東西，就沒有了生日的儀式感。

所以適當的儀式感，有助於營造良好的氛圍和環境。比如，我在激發樂樂跑步內在驅動力這件事上，加入了「媽媽的擁抱」和「擊掌」這兩個元素，這就是儀式感，會讓樂樂感受到良好

的氛圍。

所以陪伴孩子的時候，如果發現孩子不想做某件事情，我們可以去思考一下，如何把氛圍和環境設計得更好一些。對孩子來說，營造一個良好的氛圍和環境，可以讓他感受到跟爸爸媽媽的情感聯結，這種情感連結會成為他行動的動力。

深度陪伴工具

營造好的氛圍和環境

營造一個良好的氛圍和環境可以讓孩子感受到跟爸爸媽媽的情感聯結，這種情感聯結會成為他行動的動力。

1・加入爸爸媽媽的愛和用心。

2・加入放鬆和快樂的元素。

3・加入適當的儀式感。

◆ 每一個小小的成長，都值得用心慶祝

我記得高中時，有一次我考了班級第一名。那是我第一次考班級第一名，從來沒有過的好成績，我特別興奮，迫不及待地跟來接我的父母分享這個好消息。我以為他們會同樣喜悅，

我以為會得到他們的讚美，結果母親只說了一句：「你這是運氣好！」

那一瞬間，就像被一盆冰冷的水潑了下來，我所有的喜悅都消失殆盡。從那以後，在我從事家庭教育領域之前，在我和自己的父母和解之前，我很少再跟他們分享我取得的成績，因為我知道即便我分享了，他們也不會為我高興和慶祝。

我們宣導做人要謙遜、要謙卑，這是非常好的文化。可是，如果我們對待孩子所取得的成績，也機械地用這樣的態度去對待，結果可能就變成了，孩子無論做得多好，都感覺不到父母的喜悅，自然也就不再願意跟父母分享自己的成績了。久而久之，孩子和父母之間的連結感也會斷裂。

所以，如果你想要提升孩子的連結感，第二個深度陪伴工具就是「慶祝」。

那麼我們如何去「慶祝」孩子的成長和進步呢？

第一，給孩子點讚或者跟孩子擊掌。

在遠古時期，人們打獵回來或者戰勝了敵人，就會抱在一起慶祝；在球場上，運動員進了球，大家也會相互擊掌慶祝。

肢體的接觸讓「慶祝」充滿了儀式感，並且更加鼓舞人心。

所以，當孩子取得了進步，有了成長時，作為父母，我們不僅要有鼓勵的語言，還要用肢體接觸的方式來為孩子慶祝。

比如，可以跟孩子擊掌，給孩子的額頭點讚，給孩子一個大大的擁抱或親吻額頭等。

第二，給孩子定制專屬小禮物。

當孩子有進步時，父母可以給孩子訂製一些專屬的小禮物，讓孩子感到父母真的看見了自己的成長。這些小禮物可以是印章，可以是徽章，也可以是孩子心儀已久的玩具。

有一次樂樂在家上網課，我也正好居家辦公，我發現他上課的時候經常會很著急地找書、找文具，下課期間只顧坐在那裡看書也不運動，所以我專門找了一天時間陪他一起去優化整個網課的學習習慣和流程。

晚飯後，我跟樂樂一起溫習了當天的成長，我對樂樂說：「媽媽想送你一套印章，當作你這個學期開學的成長禮物。」

樂樂：什麼印章？

我：你可以想一下，你希望在印章上印什麼字。比如，你做得好的時候，你遇到問題和困難的時候，你會對自己說什麼話，就可以刻上去。

最後，樂樂選了這四句話，還為每一個印章畫了配套的圖案。

第一句，我為你自豪。

第二句，加油，問題只是暫時的。

第三句，不要放棄，困難是成長的契機。

第四句，不要讓自己的答案被別人干擾。

睡前，我建議樂樂寫一篇當天的成長日記，記錄一下他的感受。

樂樂這樣寫道：

「有些發明能流傳千古，那是因為他們的發明使人類踏上了一個新的臺階！」

「今天我踏上了一個新的臺階！我今天和媽媽一起努力，把每次上下課和下課期間的活動都做得很棒。」

「今天除了清爽，還有一種很奇特的感覺，那就是餓得想吃下一頭牛！」

「只要有努力，有成長，那就一定會有未來！」

我沒想到，一個小小的禮物，會帶給樂樂這麼大的觸動。如果不是借助這麼一個小小的禮物來為孩子慶祝，我完全不知道孩子對自己的成長如此驕傲和自豪。

第三，給孩子準備豐盛的食物。

很多事情的慶祝都離不開吃。

孩子滿百天了，會用「百日宴」來慶祝；孩子考上大學了，會宴請各方親朋好友來為孩子慶祝；孩子結婚了，會用豐盛的婚宴來慶祝。在我們老家，孩子滿 11 歲，也會舉辦一場非常隆重的生日宴席為孩子慶祝。

當孩子有成長和進步時，不妨也問問孩子想吃什麼，用一頓豐盛的食物來為孩子慶祝，讓孩子感受到父母對他進步和成長的看見。

有些父母可能會覺得困惑，給孩子買禮物，給孩子一頓大餐，自己有時候也是這麼去獎勵孩子的呀，為什麼獎勵不可以，但是慶祝就可以呢？

這是因為，慶祝和獎勵的本質是不同的。獎勵是一種誘惑，父母先告訴孩子如果達成了父母的哪些期待，就獎勵他，主體

是父母。慶祝是孩子有成長了，父母一起為孩子開心，重在成長，而不是一定要達成父母的期待，主體是孩子。所以，獎勵無法滋養孩子，但是慶祝可以。

多用心看見孩子的成長，用心去為孩子的成長慶祝，透過這份慶祝，孩子能感受到自己成長的路上不是一個人孤軍奮戰。有父母的陪伴，有父母的看見，孩子會充滿無窮的動力。

深度陪伴工具

慶祝

慶祝可以讓孩子感受到自己成長的路上有父母的陪伴，這會讓他充滿無窮的動力。

1・給孩子點贊或者跟孩子擊掌。

2・給孩子定制專屬小禮物。

3・給孩子準備豐盛的食物。

◆ 從「做不到」變為「再試試」，榜樣的力量影響孩子的態度

科幻電影「流浪地球 2」上映之後，迅速爆紅。濟寧市實驗初中的校長周喆直意外發現，電影中有一個跟自己同名的角

色周喆直，他聯繫自己曾經的學生，也就是《流浪地球 2》的導演郭帆，郭帆告訴周老師，那個角色取這個名字正是為了致敬周老師。

這就是榜樣的力量。幾十年過去了，曾經當過郭帆四年語文老師的周喆直可能自己也沒有想到，當年對郭帆的指導，到現在還影響著他。

孩子是透過他愛的、認可的人來看見自己的，同樣孩子也是最有意願從他愛的、認可的人身上學習的，因為只有愛和認可才能在彼此之間形成深深的聯結。

這些孩子愛的、認可的人就是孩子成長的榜樣。**所以，如果想要提升孩子的連結感，第三個深度陪伴工具就是「用榜樣影響」。**

父母如何找到影響孩子的榜樣呢？

第一，父母自己成為孩子的榜樣。

對孩子來說，從他出生的那一刻開始，最愛的、最認可的、最願意模仿的物件，就是父母。所以，作為父母，我們自己一定要努力成長，成為孩子的榜樣，用自己的言行去正面影響孩子。

有一次我帶樂樂去一個遊樂園玩，因為想到經常會去，所以我決定辦一張年卡。售票處的工作人員提醒我，如果我有朋友的年卡卡號並且把年卡的正反面拍照給她，辦理年卡可以打75 折。本來覺得挺麻煩的，我又不知道哪個朋友有年卡，想乾脆直接辦卡算了。但是轉念又想，其實這也是一個很好的機會

去給孩子做一個解決問題的榜樣。

　　於是我跟樂樂說，我們想想辦法看看能不能找到。我先在社區業主群裡發消息問有沒有鄰居可以幫忙，但是沒有回應。我問樂樂：「你覺得我們還可以怎麼辦？」樂樂回答：「不知道。」我告訴樂樂，媽媽想到一個不錯的辦法。

　　我帶著樂樂直接走到檢票口附近，看到有一位媽媽手上拿著年卡正準備刷卡，我走上前去，跟這位媽媽說明了緣由，獲得她的同意，給年卡正反面拍了照。然後帶著樂樂回到售票處，順利辦好了打折的年卡。

　　最好的陪伴，不是我教你聽，而是我做你看，父母是孩子最好的榜樣。

　　所以，我平時帶樂樂出門，不會放過任何一個解決問題的機會，甚至很多時候，我會像這樣去主動創造機會，讓樂樂看媽媽是如何解決問題的。久而久之，樂樂再遇到問題時，也會積極主動去思考解決問題的方案。

　　我記得樂樂上幼稚園時，有一次接他放學，樂樂說肚子餓了要吃東西。我帶他去社區對面一家麵包店買吃的。結帳的時候，我的手機突然沒電關機了。

　　我跟樂樂解釋：「媽媽手機沒電了，買不了麵包了，媽媽覺得很抱歉。」樂樂不開心了一小會兒，馬上就給我建議：「媽媽，你去找人借充電器充電。」

　　我問他：「那媽媽去哪裡找呢？」

　　樂樂直接把我帶到隔壁的超市一樓，進去後直奔一個旅行

社的店鋪，問：「阿姨，請問有沒有充電器借一下？」那位阿姨指了一下旁邊賣電子產品的店鋪，對樂樂說：「你可以去找他們借。」

於是樂樂又跑到旁邊的店鋪，幫我借到了資料線。充好電，樂樂如願買到了想吃的麵包。

我對樂樂說：「今天我們遇到了問題，媽媽差點都想要放棄了，結果你居然想到了解決辦法。」樂樂也特別開心。

有的孩子遇到問題時，第一反應就是，「我不會做」，接下來便以此為由直接放棄。如果父母平時在孩子面前總是逃避問題，從來不去主動想各種辦法解決問題，那麼當孩子遇到困難時，即便父母不斷鼓勵孩子「沒關係，我們再試試看能不能找到更好的方法」，孩子也仍然會無動於衷。

第二，在孩子的老師和同齡夥伴中找到榜樣。

對孩子來說，他最願意模仿的、僅次於父母影響力的就是老師和同齡夥伴。而且從上小學開始，孩子跟老師和同學夥伴之間相處的時間甚至會超過跟父母相處的時間。

所以，父母也要關注孩子的同伴，並跟孩子的老師保持溝通，幫助孩子找到可以影響他的榜樣。

這也是為什麼我在給樂樂挑選才藝班時，並不會光看某個才藝班的名氣和品牌，而會更加重視老師的品行。因為老師不光是教孩子學習，提升孩子的認知能力，同時，老師的一言一行也會潛移默化地影響孩子的成長。也許一個好的老師，不經意間就能在孩子心中種下一顆好的種子。這顆種子在陽光雨露

的澆灌下，可能會迸發出你無法想像的力量。

第三，在名人中找到榜樣。

從小學開始，孩子便會偷偷地崇拜自己心目中的偶像。與其等到青春期才發現孩子變成了紙醉金迷的追星族，還不如趁早幫孩子找到一些正能量的、能對孩子的夢想和品行發揮正向影響的名人榜樣。

可以多給孩子看一些名人傳記，古代的、現代的、各種學科的、各個領域的，都可以涉獵。

第四，在動畫片或電影中找到榜樣。

孩子都喜歡看動畫片和電影，既然都要看，為什麼不在看的同時幫孩子找一個他願意模仿和學習的榜樣呢？

比如，小男孩都喜歡英雄，小女孩都喜歡公主，那我們就可以找一些與英雄和公主主題有關的動畫片和電影給孩子看，讓他學習榜樣身上的優秀品質。

教育本身就是生命影響生命的過程，與其讓孩子學習某件事情怎麼做，不如多用榜樣的力量去影響孩子。因為榜樣和孩子之間會產生連結感，有了連結感，孩子才會願意被影響。

深度陪伴工具

用榜樣影響

教育本身就是生命影響生命的過程，多用榜樣的力量去影響孩子，孩子會越來越有動力去解決問題。

1・父母自己成為孩子的榜樣。

2・在孩子的老師和同齡夥伴中找到榜樣。

3・在名人中找到榜樣。

4・在動畫片或電影中找到榜樣。

內在驅動力是深度陪伴 RAP 養育法的第二個環節，孩子的內在驅動力和行為之間的關係，就像廚師對做菜的熱愛程度和美味佳餚之間的關係。廚師越熱愛做菜，就越會主動去鑽研各種食材的做法，更容易做出可口的飯菜。如果廚師不喜歡做菜，不論給他配置功能多強的廚具，都是資源的浪費。

同樣，如果孩子沒有內在驅動力，不論給他報多少輔導班，請多好的私教，買多貴的學習資料，都無濟於事。

但是，只要孩子有足夠的學習內在驅動力，以及下一章我們要講的多元能力，學習成績好是遲早的事。

孩子內在驅動力的三大引擎——勝任感、自主感、連結感，以及對應的 12 個深度陪伴工具需要父母反覆練習，在實踐中培養有學習內在驅動力的孩子。

第五章

P 能力，智慧地
發展孩子的多元能力

發揮天賦·放大優點　　聚焦優勢

找原因·啟發式提問·拆解目標·

解決問題三步驟·示範　　　　搭建鷹架

鼓勵失敗·尊重孩子的節奏·抓住最佳學習時機　　順勢而為

從關注孩子的成績到關注孩子的多元能力

學霸父母一定要接納自己的孩子可能不是學霸。

現在的孩子其實蠻苦的，為什麼呢？

如果孩子的父母以前是學霸，那麼很大概率會期待自己的孩子也是學霸，因為不希望孩子學習比自己差；如果孩子的父母以前是學渣，那麼很大概率也會期待自己的孩子是學霸，因為希望孩子學習比自己好。

這樣下去，孩子就只有一條路可走，那就是成為學霸。可是這個世界上，怎麼可能人人都是學霸呢？人人都是學霸，那就沒有學霸了，大家都一樣了。

我和樂爸上學的時候，都算是學霸。樂爸的數學尤其厲害，參加過很多奧數競賽並獲獎，關鍵是他特別喜歡和沉迷其中。我雖然談不上喜歡數學，但是數學成績也一直是很好的。但是樂樂的數學成績卻算不上頂尖，尤其是剛開始學習一個新的數學知識點時，他需要很長時間去消化。

所以雙學霸父母，生下來的孩子也未必就是學霸，這一點父母必須要接納。如果不接納，自己痛苦，孩子更痛苦。

什麼是孩子的多元能力？

關於孩子的成績，我看到兩種說法，一種是「孩子的成績很重要，因為只要有大學考試存在，成績的競爭就是不可避免的」，另一種是「孩子的成績不重要，因為好成績可以靠多做復古題和臨時抱佛腳來獲得，不能代表什麼」。

這兩種說法到底哪一種對呢？

在我看來，兩種說法都只對了一半。只要大學考試制度不改革，成績肯定重要。但是作為父母，我們應該思考的是，孩子的成績是哪些能力的綜合表現，父母應該關注的是成績背後的這些能力。這就好比拼一個樂高，你總想著要拼一個哈利·波特的魔法屋出來，但是你卻不知道這個魔法屋需要哪些樂高顆粒。這樣孩子也辛苦，你也辛苦。

20世紀80年代，美國哈佛大學教授、心理學家霍華德·加德納博士提出了著名的**「多元智慧理論」**，他透過大量的研究發現，一個人的智慧是多元的，這些多元智慧包括語言智慧、音樂智慧、人際智慧、內省智能、自然觀察智慧、數學邏輯智慧、空間智慧、身體運動智能。而孩子的每一項多元智慧背後，又是N種多元能力的疊加。比如語言智慧，既需要記憶能力，又需要理解能力，還需要解碼能力。

所以，樂樂的數學成績，我跟樂爸都非常接納，因為我們知道，每個孩子都有多元能力。雖然樂樂目前的數學成績不算頂尖，但是，我發現樂樂的感受力和想像力特別豐富。他寫出來的文字天馬行空，這一點比我和樂爸都強。所以，我會鼓勵

樂樂多寫作。在三年級暑假的時候，樂樂自己還創作了一部 2 萬字的科幻小說。

當然，一個孩子寫作能力強，也不代表他的語文成績就一定特別好。

我們要知道，任何一個科目的成績其實也是 N 個多元能力的組合。

比如，語文需要的多元能力包括孩子的記憶力、想像力、觀察能力、邏輯能力等。

為什麼需要記憶力？因為如果記憶力不好，生字、詞語、古詩就背不下來。

為什麼需要想像力？因為寫作的時候需要想像。

為什麼需要觀察能力？因為觀察能力弱的孩子，就容易看錯題、看漏題，這也會丟分。很多父母以為是孩子粗心，其實粗心背後不一定是孩子考試態度的問題，也有可能是能力問題。

為什麼需要邏輯能力？因為想要閱讀理解準確、解題有思路、寫作結構清晰，就不能缺少邏輯能力。

孩子的綜合成績也需要多元能力，包括時間管理能力、目標感等。

所以，只盯著孩子的成績，父母是無法幫助孩子提升成績的。只有看到與成績息息相關的多元能力，我們才能知道應該如何支援孩子。

有了對多元能力的認知，以後再看到孩子成績不好時，就會先去思考，去分析，到底是孩子哪方面的能力欠缺，才導致了成績不好。所以最後，我們其實要提升的並不是孩子的成績，

而是孩子的多元能力。

　　在本章，我會詳細講述父母如何透過深度陪伴，提升孩子的多元能力。

促進孩子能力發展的三大祕訣

在培養孩子能力方面，絕大多數父母是非常捨得投入時間、精力和金錢的。有的父母為了提升孩子的學習成績，不惜在培訓機構「重金投入」，但是效果不一定好。

為什麼會出現這樣的情況呢？

這是因為，孩子的成長有他的客觀規律，不是以父母的意志為轉移的。

很多父母忽略了孩子能力培養的主體是「孩子」，而不是「父母」。盲目地希望孩子贏在起跑點上，三歲就教孩子認字，四歲就教孩子加減法，五歲就教孩子寫字，六歲就教孩子乘除法和寫作，嚴重違背了孩子身心發展規律。這無異於用盡渾身解數教一個三個月的小寶寶學習走路，除非這孩子天賦異稟，否則不論你怎麼用心，效果都非常有限，孩子辛苦，父母也辛苦。

只有瞭解孩子能力發展的客觀規律，才能發揮作用。

另外，我們絕大部分家庭的教育資源都是有限的，不論是時間、精力還是金錢。雖然教育要「去功利性」，不要盲目地

投入精力，但是如果投入同樣的時間、精力、金錢，當然是投入產出比越高越好。

那怎麼才能在不盲目、去功利性的前提下，讓培養孩子能力的投入產出比更高呢？

我總結了「孩子能力培養三大祕訣」，分別是「聚焦優勢」、「鷹架支持」、「順勢而為」，能夠有效解決這個問題。

第一個祕訣是「聚焦優勢」。

我記得小時候，如果有人當著我父母的面誇獎我，父母馬上會回答「她其實一點兒都不聽話，平時在家裡也挺懶的，讓她掃個地都懶得掃」，好像極力想告訴對方我全身有哪些缺點，好去掩蓋我身上的優點。

直到現在，我仍然會看到很多父母會這樣對待自己的孩子。他們總是能很輕鬆地找到孩子的缺點，希望透過不斷提醒孩子有哪些缺點，讓孩子能夠改正。

可是你知道嗎？孩子只有感受好，才會做得更好。

沒有任何一個孩子會在感受糟透了的情況下，去主動做得更好。

父母能夠貼身陪伴孩子成長的時間很有限，最多也就 18 年。而實際上，陪伴的黃金期是在孩子 12 歲之前，也就 12 年。我們肯定希望，在有限的時間裡，孩子能夠有更多的成長。

所以，**正確的做法不是每天盯著孩子的缺點讓孩子去改正，而是讓孩子多發揮優勢，越做越開心，越做越自信，越做能力越強。**

第二個祕訣是「鷹架支持」。

父母通常會認為，孩子想做某件事就應該馬上去做，如果說了去做，但是沒有做，那就說明孩子不想做，或者態度有問題。

比如，孩子說好放學後玩 20 分鐘就馬上回家做作業，結果孩子玩了 40 分鐘才回家，父母就會認為孩子貪玩不想做作業。

跟孩子約定了早上 7 點起床，不要遲到，結果孩子起床拖拖拉拉，最後還是遲到了，父母就會認為孩子對上學不重視。

諸如此類的事情，在生活中每天都在發生。真相真的是這樣嗎？

美國認知心理學家布魯納在 1976 年提出了「鷹架支持」。他認為，當孩子開始學習新東西時，他們需要來自成年人的主動支援。一開始，他們依賴於成年人的支持，這種支持的作用就像建築行業的鷹架一樣，但逐漸地，孩子會越來越獨立，這種支持就可以逐漸減少。所以，當孩子做不到時，很可能是孩子的能力達不到，這個時候孩子更需要父母的支援，給他們搭建一個可以前進的腳手架，而不是批評和指責。

有一次寒假結束後，我帶著樂樂恢復有序的學習生活。

我帶著他重新整理了房間，帶著他一起把上網課的流程走了一遍。包括每次上課前，要像平時在學校一樣，把書包拿到上網課的學習區；每次下課時，要及時把上完課的書放回學科袋，再把下一節課要用的書袋拿出來放在學習桌上，這樣下樓運動回來，馬上就可以進入學習模式，無縫銜接。

樂樂也感受到了這種有序學習和生活的高效和清爽，尤其是清爽的感覺，讓樂樂特別有意願繼續這樣保持下去。

中間有幾天我很忙，沒管他。等重新騰出時間來，我開始抽空在下課期間陪他打一會兒羽毛球。

打羽毛球時，我問樂樂：你把下一門課的書袋拿出來了嗎？

樂樂：我忘記了。

我：啊，又忘記啦。你是不想這麼做忘記了，還是想做忘記了？

樂樂：我想這麼做，但是一想其他事情就忘記了。

我：那你想做的意願有多強呀，如果滿分是 10 分的話。

樂樂：10 分。

我：好吧，所以你是非常想做但還是會忘記對嗎？

樂樂：是的。

我遇到了「孩子說了做，也很有意願做，但是實際上做不到」的問題。

但我知道，這不是孩子的意願問題，不是孩子的態度問題，而是孩子的**能力問題**。

在這種情況下，樂樂需要的是我的說明，需要我給他搭建

一個鷹架，幫助他有能力去做到。

所以，**當孩子不會做的時候，父母要做的不是簡單地不斷監督、催促、要求、指責孩子，而是要想辦法給孩子搭建一個適合他們的「鷹架」，去幫助孩子突破困難和困難點，取得成功。**

第三個祕訣是「順勢而為」。

我發現對孩子學習特別焦慮的父母，主要有兩類：

一類是自己以前上學時就是學霸，而且可能夫妻兩個都是學霸，所以對孩子會有一種高期待，認為孩子必須要比自己還優秀。所以看到孩子的學習稍微有點跟不上時，就變得焦慮不堪。

另一類是自己以前上學時學習成績不好，甚至可能因為貪玩或者談戀愛沒有考上大學，以至於工作後有很多不如意，便後悔當年沒有好好學習。所以對孩子也會有一種高期待，認為不能讓孩子再像自己一樣，因為沒有好好學習，所以生活不如意。同樣，他們看到孩子學習稍微有點跟不上，也會焦慮。

我特別喜歡一個故事，這個故事的主角是「現代催眠之父」密爾頓·艾瑞克森。他小的時候有閱讀障礙，同學給他取了一個綽號——「字典」，因為他總是在看字典。同學以為他喜歡看字典，卻不知道他其實是在找字。因為他不知道字典是有排序的，所以每次要找一個字，都是從第一頁開始，一頁頁翻著去找這個字。直到 16 歲的某個冬天，有一天中午，天氣很冷，他在地下室裡用字典查一個字，突然間彷彿一道白光照亮了整個地下室，艾瑞克森利那間明白，原來字典是按字母從 a 到 z 排

序的。那一刻他深深地感謝內在的自己，這麼久他才發現字典是有排序的，這讓他對文字有了更深的理解。

我在想，如果艾瑞克森出生在剛才說的那兩種父母容易焦慮的家庭裡，他的父母一定會第一時間給他報識字輔導班或者請家教，他可能也就不會成為「現代催眠之父」了。

我們都聽過這樣一句話，「上天為你關閉一扇門的同時，一定會為你打開一扇窗」。孩子之間是不能簡單地去對比的，一個孩子某項能力差，不代表這個孩子就是落後的。如果我們不瞭解孩子的節奏，很多時候，父母看似是在幫助孩子提升能力，實際上卻是拖孩子的後腿，打亂了孩子的節奏，甚至埋沒了孩子發光和發展的機會。

養育孩子跟養花是一個道理，**每朵花都有自己的花期，每個孩子也都有自己的「花期」。花期沒到的時候，無論怎麼卯足了全力去強迫孩子，都沒用**。所以，把握每個孩子成長的共性規律，把握孩子成長的個性化規律，非常重要。

不論你想培養孩子什麼能力，只要把「聚焦優勢」、「搭建鷹架」、「順勢而為」這三個祕訣牢牢抓住，一定可以用更短的深度陪伴時間，促進孩子更多的成長。

每一個家庭給孩子的教育資源都是有限的。培養孩子的多元能力時千萬不要盲目投入金錢和精力，而是要學會把教育資源用在刀口上，才能發揮事半功倍的效果。

接下來，我會分享如何透過聚焦優勢、搭建鷹架、順勢而為這三大祕訣來高效培養孩子的多元能力，並且會提供 10 個深度陪伴工具，讓大家透過清晰的路徑來達成智慧地培養孩子多元能力的目標。

聚焦優勢，父母是孩子的伯樂

　　我在陪伴很多媽媽成長的過程中發現，凡是不夠自信的媽媽都有一個相似的成長背景。她們的父母在養育她們的過程中，大都採用一種「取長補短」的方式，不論她們多努力，父母都能挑出問題來，身上總有改不完的缺點和補不完的短板。

　　但是現在，這樣的教育方式已經不適用了，這樣教育的結果就是，孩子明明很優秀，卻受限於自己的短處，無法把價值最大化。

　　所以，我希望每位父母在深度陪伴孩子成長的過程中，換一種養育方式，用「揚長避短」來替代「截長補短」。

　　人是群居動物，不能單打獨鬥，而是要共創共贏。讓孩子專心把自己的優勢發揮到極致，他的成就絕對會大過一個「截長補短」的孩子。

　　接下來會分享兩個幫助孩子「聚焦優勢」的深度陪伴工具和方法，幫助父母聚焦孩子的優勢，成為孩子的伯樂，提升孩子的多元能力。

◆ 發揮天賦，孩子越來越自信

如果問父母，想讓孩子成績好是為了什麼，大家可能會說，是為了讓孩子考上好的中學、好的大學。

如果接著問，那考上好的中學、好的大學又是為什麼呢？

父母們可能會說，為了能夠有更好的前途，為了以後找到更高收入的工作，為了讓孩子未來的人生有選擇權。

如果繼續問，那擁有更好的圈層、更高的收入、更多的選擇權又是為了什麼呢？

父母們可能會說，是為了幸福；也可能會說，是為了讓孩子能夠實現自己的夢想；還可能會說，是為了有更強的生存能力，是為了讓孩子成功……

不論哪種說法，我覺得都可以，都沒有問題。畢竟每個家庭的背景不一樣，我們不能要求每個家庭都有「幸福」這個終點。對有些家庭來說，可能解決好生存這個問題，更重要。但這並不意味著，目標「幸福」的家庭，比目標在「生存」的家庭就高級很多，我覺得都是好的。就像「馬斯洛需求層次理論」中所呈現的，人的需求層次是逐步升級的，先解決生存問題、安全問題，才有精力去思考被尊重的問題，最後才是自我實現和終極幸福的問題。

如果我告訴你，有一條路，不需要你每天都把目光放在孩子的學習成績上，依然可以達成你對孩子的這些祝福和期待，你會選擇嗎？

我想你一定不會拒絕。

為什麼我會這麼自信地告訴你，是因為有一個真相，往往

被父母們選擇性地忽略了。那就是，有一些老師和父母眼中的「成績不好的學生」，有可能擅長的能力並不在我們認為的「主科」上。

現代催眠之父密爾頓·艾瑞克森小的時候，有嚴重的閱讀障礙，17 歲時，又患上了小兒麻痺症，醫生下了診斷，不可能再站起來。這樣的孩子，如果要拚成績，那只能是犧牲品。但是因為他有一個想要站起來的目標，在努力的過程中，意外發現了自我催眠可以促進自我康復，從而研究出了自己的催眠療法。我想，如果他是一個閱讀能力很強的人，也沒有得過小兒麻痺症，那麼他可能無法發現自己在催眠方面的能力。這種能力並不是他天生就有的，而是他在實現自己目標的過程中，逐步發展出來的。

我曾經相信努力大過一切，認為天賦離普通人太遠。可是當我進入教育領域深耕很多年以後，我才發現，努力是 1，天賦是後面的 0。如果沒有努力，一個人的一生肯定是一事無成。但是如果一個人能夠發現和發揮自己的天賦，那麼就像在 1 後面加了很多個 0，這是沒有機會發揮天賦的人無法想像的。

所以，如果想要幫助孩子聚焦優勢，第一個深度陪伴工具就是「發揮天賦」。

父母可以通過怎樣的方法去發現孩子的天賦呢？

第一，在深度陪伴中觀察。

在樂樂讀二年級的時候，有一次老師出了一篇作文，讓孩子們去觀察雨後的風景，然後寫下來，因為那段時間正好是雨季，每天都是暴雨。

244

於是，我在樂樂的作文本上看到了這樣一篇小作文：

《雨中風景》

今天下午下了一場大雨，景色很美。

花草茂盛，蕁麻飛快地生長著。

南瓜種子成大藤，雨點兒像水杯。

樹葉上長花，打雷似叫聲，飛機像雷聲。

雨停了，地上濕潤了，樹上鳳凰花開，蜜蜂在過節。

風神騎上她的「馬」，一邊看書一邊周遊世界。大風停了，水的歲月變長了。

雨後的風景像故事一般，星星的燈光似故鄉的手一樣。

燦爛的陽光照在生長的植物上，照得它們火眼金睛。

夜深了，雨滋潤著視窗，月亮在工作，星星在打呼嚕。

夏天的雨季真是美！

我看完之後，被樂樂的想像力驚訝到了，我知道，這就是孩子的靈性，也是樂樂的天賦所在，只有在孩子的靈性和天賦結合的筆下，才能寫出這麼美的文字。

還有一次我在樂樂的作文本上看到了這樣一篇作文：

《日出》

夜深了，人們早早就上床了，根本不理會黑夜的魔法。

但是黑夜也有她的特色，她會製造一些魔鬼和幽靈散發在空中，這會使孩子們做噩夢。

　　但是過了幾小時，黑夜被一條金黃色的手燙傷了，她趕緊躲了起來，是誰伸出了胳膊呢？原來是太陽！

　　太陽笑眯眯地爬了起來，站在山岡上，讓他那金黃色的光散發到世界各地，他的光一灑在花兒的臉上，花兒就開始拚命地生長；他的光一灑在人的臉上，人就馬上起床工作去了；他的光一灑到馬的背上，馬就開始狂奔！

　　太陽的光帶給藍天的是一首明亮的歌，帶給大地的是一首生命的歌！

　　各種各樣的植物在太陽的幫助下生長著，動物在太陽的幫助下生長著，人類在太陽的幫助下生長著！

　　太陽，你是大地的創造者！太陽，你是生命的主導者！太陽，你是人類文明的建立者！

　　太陽，謝謝你，因為是你創建了輝煌的人類文明！

　　雖然有些表達不是特別通順，但是我還是被樂樂的想像力震驚到了。我沒想到，孩子的想像可以如此豐富，文字裡面滿含著孩子對大自然天真蓬勃的情感，看完後特別感動。

　　當我把我的感受告訴樂樂時，樂樂卻有點小小的害羞，因為他並不覺得自己的文字有什麼了不起，反而覺得很平常，他只是把自己的感受表達出來而已。我告訴他，媽媽絕對寫不出這樣的文字，他的想像力比媽媽更豐富，以後可以多多發揮出來。

　　透過我的回饋，樂樂對寫作有了更多的信心。二年級暑假時，他用古詩體原創了幾十首詩，三年級暑假時，他就原創了一部 2 萬字的科幻小說。他現在還在繼續創作更多的科幻小說。

每一次創作，都讓他對寫作更有興趣，每一次創作，都讓他對寫作更有信心。

第二，透過專業的測評工具測評。

市面上會有一些測評天賦的工具，但是魚龍混雜，精準度也參差不齊，但是如果可以選取技術精準的工具，不失為一個好的方法，可以幫助父母節省觀察的時間，減少觀察的盲區。

我給樂樂也做過我自己篩選過的、比較認可的天賦測評，測評結果也驗證了我對樂樂天賦的觀察是正確的，他確實是想像力天賦排在第一位。所以，我會更加鼓勵他發揮自己的天賦，比如多多地寫原創文章和小說，給自己的科幻小說設計完整的世界觀；嘗試自己作曲，然後在揚琴上彈奏出來；雖然繪畫技巧欠缺，但是盡可能多地用繪畫去表達大腦裡面的各種畫面和想法；跟爸爸學習程式設計，把一些想像的畫面和想法用遊戲的方式呈現出來等。

第三，透過其他人的回饋獲取。

樂樂上幼稚園大班時，有一天回到家，對我說：「媽媽，今天班上有個同學打了我，結果另一個同學說是我打了那個人，就告訴了老師。」

我：那老師怎麼處理的呢？

樂樂：老師就調了監視器，發現確實是那個同學打了我。

我：那很好啊，真相水落石出了。那老師後來是怎麼處理的呢？

樂樂一臉認真地回答我：「然後老師就把那個同學塞進了

直升機，扔到沙漠裡去了。」

過了幾天，我問樂樂：「前兩天你說被塞進直升機扔到沙漠裡去的那個小朋友回來了嗎？」

樂樂一本正經地回答我：「沒有呢，還在沙漠裡。」

我並沒有急於糾正樂樂：「停！你剛才說的根本就不是真的，那是你的想像。」

因為我知道，每個孩子都有自己的天賦，有的孩子想像力極其豐富，但是並不代表孩子就不會區分現實和想像。

因為我沒有否定樂樂的能力，所以他的想像力一直被保護得很好。

樂樂一年級時，有一次考試，其中一道題是讓孩子們把幾幅圖按照順序進行排列，樂樂做錯了。

我看了一下題，這幾幅圖的邏輯其實非常簡單，按照樂樂的理解能力，不應該出現這樣的錯誤。於是我很好奇地去向樂樂瞭解，樂樂是如何思考這些圖之間的關聯的。

然後我才發現，樂樂並不是按照我們大人預設的邏輯順列來排列這幾幅圖的，而是按照他自己的想像去排列的。所以，站在他的角度，那樣做是有他的邏輯的，但是按照大人的標準，結果就是錯的。

我仍然沒有去糾正他，相反，這也讓我發現，跟邏輯思維相比，他會優先用想像力去思考。這是他的特點。所以，從那以後，我會鼓勵樂樂多去創作，把頭腦裡面天馬行空的各種想

像，用各種各樣的創作形式體現出來，其中一種方式就是寫作。

每個孩子都有自己的天賦，但是孩子自己未必知道。父母在深度陪伴孩子的過程中，要多花時間去幫助孩子發現自己的天賦。在孩子有天賦的方面，投入一分努力，很快就能取得十分的結果。這樣更容易讓孩子產生勝任感，孩子的內在驅動力也會得到增強，最後就會形成正向循環，從而讓孩子更容易有自信。

深度陪伴工具

發揮天賦

發揮天賦，更容易讓孩子產生成就感。

1・在深度陪伴中觀察。

2・透過專業的測評工具測評。

3・透過其他人的回饋獲取。

◆ 放大優點，每個孩子都是一顆閃亮的星

如果父母總是盯著孩子做得不好的地方，想讓孩子把一件事情做好，最後的結果很可能是徒勞無功。可是，偏偏很多父

母的習慣就是這樣，越是孩子做得不好的地方，越是花大量的時間去糾正、提升，結果反而孩子的優點沒有機會去發揮。

這真的是很不划算的投入和產出。

如果你是一位企業管理人員，你就會知道，如果一個員工特別擅長市場開拓，但是他在寫總結報告的時候總是容易犯一些很低級的錯誤，那你肯定不會花大力氣去糾正他的錯誤，而是會找一個人來幫他，或者派這個員工大力開拓市場，給企業創造利潤，這樣你付出的薪水才能有最大的回報。

正如成語「瑕不掩瑜」所言，玉就算是有瑕疵，也是塊玉，石頭再沒瑕疵，也只是石頭。千萬不要因為孩子有缺點就一直盯著缺點，而是要多放大孩子的優點，這樣才是「聚焦優勢」的做法。

所以，如果想要幫助孩子聚焦優勢，第二個深度陪伴工具就是「放大優點」。

父母應該如何放大孩子的優點呢？

第一，創造機會，讓孩子的優點得到發揮。

樂樂二年級的時候，學校民樂團招新，樂樂在眾多民族樂器中一眼就相中了揚琴，因為他覺得它的聲音很好聽。可是才學不到一個學期，樂樂就不想學了。在家上線上課期間，揚琴課也停了，我就讓他按照老師出的練習題自己在家練，結果越練他的脾氣越大。

那個階段我剛懷上二寶雄雄，孕吐特別厲害，好幾次我都想，既然他不想學，那就放棄算了，否則這樣下去，我也受不了了。

　　我決定找樂樂好好聊一下，看看他是真的不喜歡揚琴，還是遇到了困難。聊完之後我發現，樂樂是遇到了困難，因為練習揚琴手特別容易累，而且一首曲子總是練習不好，樂樂很有挫敗感。

　　這一點我也早就預料到了，因為我自己本身也一直在研究和踐行基於深度陪伴的優勢養育，我很瞭解在樂樂的多元智慧裡面，哪些是他的優勢，哪些不是，所以很理解他的感受。

　　想要把揚琴學好，需要三種能力：

　　第一種是手部的精細動作。樂樂彈揚琴容易累，琴竹敲出來的音不夠清脆，因為精細動作並不是樂樂的優勢。

　　第二種是律動感，也就是聽到節奏之後，能否剛好跟上節奏，這也不是樂樂的優勢。

　　第三種是對音樂的感知能力，也就是聽到聲音，馬上就能分辨出是什麼曲調，這是樂樂的優勢。

　　可是剛開始練習基本功的時候，涉及的全部都是樂樂不擅長的精細動作和律動感，因此他會覺得比較辛苦。只有基礎打好了，後面才能放大他的優點。

　　我讓樂樂先暫停了練習，過了一段時間後，我跟揚琴老師一起幫樂樂找到了減輕手腕壓力的練習方法，同時又請了揚琴一對一私教指導，提升他練習的成就感。樂樂很快又重新恢復了對揚琴的熱情。

　　等他恢復對揚琴的熱情之後，我鼓勵樂樂：「你不是很喜歡久石讓的《天空之城》嗎？你可以一邊聽一邊去感受是什麼

音，然後嘗試把這首曲子用揚琴彈一彈。」

樂樂自己也沒想到，他很快就用揚琴把這首曲子彈出來了，雖然有點不順，但是音都對了，而且都是他自己透過辨音識別出來的，於是特別有成就感。那段時間，他每天都迫不及待地想要把自己喜歡的歌在揚琴上彈出來。有時候，他還會哼一些自己創作的曲子，然後在揚琴上彈出來。

雖然練基本功的那一年多時間很漫長，但是因為我不斷鼓勵樂樂把自己喜歡的歌透過辨音在揚琴上彈出來，不斷放大了他的優點，他沒有再因為基本功練習而感到挫敗了。我再也沒有聽樂樂抱怨過彈揚琴累、彈不好之類的話了。

有一段時間，樂樂從揚琴練習中找到了全神貫注的感覺。早上 6 點多起床就迫不及待地想要練琴，中午吃完飯也迫不及待地想要練琴，晚上快 9 點要睡覺了也想起來再練會兒。為了不打擾鄰居休息，只能統統都被我喊停了。

有時候，一首曲子比較長，練得手很累，樂樂會一邊練琴，一邊抱怨：「手好累呀。」但是當我問他，要不要休息一會時，樂樂會說：「不能休息，我要堅持把這首曲子練完。」

樂樂四年級時，有一次，揚琴老師告訴我，樂理課上，他發現樂樂可以非常快速地識別出他用鋼琴彈出的每一個音，不論是單音符、雙音符，還是多音符。在同年齡的孩子裡面，他是唯一一個能快速識別音符並且全部正確的孩子。他以為樂樂學習過鋼琴或者其他樂器，當老師聽我說樂樂從來沒有學過任何其他樂器或者樂理時，老師感到很驚訝。

聽完老師的話，我開心極了。樂樂對音樂感知能力強的這個優點也被老師發現了，那麼老師也就知道如何更好地放大樂樂的優點，從而讓樂樂在揚琴學習更上一層樓了。

我鼓勵樂樂把自己喜歡的歌透過辨音在揚琴上彈出來，就是在創造機會，讓孩子的優點可以得到發揮。如果你的孩子跑步很厲害，那你也可以創造機會，讓孩子的這個優點得到發揮，而不是總認為孩子上課喜歡動來動去靜不下來。

第二，把孩子的優勢行為，用影片拍攝的方式記錄下來。

父母可以把這些影片播放給孩子看，讓孩子看到自己做得非常好，這樣也是在不斷正向強化孩子的優點。

在樂樂練習揚琴遇到困難時，我會把他練習的影片記錄下來，然後把他練習了很久終於有進步的那一段截出來給樂樂看，讓他看到自己努力練習後彈得多好。這樣樂樂就會對自己更加充滿信心，更加用心堅持練習剩下的曲子了。

第三，把孩子的優勢行為，記錄進你的陪伴日記裡面。

從樂樂出生開始到現在，我幾乎每天都會記錄陪伴日記。然後我會時不時地把以前的陪伴日記翻出來，把能夠體現樂樂優點的地方念給樂樂聽。在潛移默化中，樂樂自己也看見和認同了自己的優點，在這方面就會做得越來越好。

很多時候，孩子一件事情做不好，並不意味著全部都做不好。

父母要學會去發現做這件事情要用到的所有能力裡面，哪些是孩子不擅長的，哪些是孩子擅長的。**在幫助孩子提升那些**

必須用到但是孩子又不擅長的能力的同時，我們更應該注重不斷放大孩子的優點，也就是那些他本來就擅長的能力，這樣可以幫助孩子減少挫敗感，增加成就感，讓孩子更有意願去做這件事情，其他能力自然也會隨之提升。

深度陪伴工具

放大優點

不斷放大孩子的優點，可以幫助孩子減少挫敗感，增加成就感，讓孩子更有意願去做一件事。

1・創造機會，讓孩子的優點得到發揮。

2・把孩子的優勢行為，用影片拍攝的方式記錄下來。

3・把孩子的優勢行為，記錄進你的陪伴日記裡面。

搭建鷹架，助力孩子成長

很多父母在陪伴孩子成長的過程中，容易走向兩個極端。

要麼是在孩子小的時候，什麼都幫孩子做，認為孩子的能力不行，做不好。

要麼是在孩子上小學後，埋怨孩子什麼都不會，什麼都不如別人家的孩子。

我們忽略了一點，孩子不可能從不會突然就會了，這中間需要一個過程，在這個過程中，孩子需要父母的支援。怎麼支持呢？就是給孩子搭建鷹架。

當我們具備了「搭建鷹架」的意識之後，父母既不會在孩子小時候、能力弱時替代孩子做所有的事情，也不會在孩子上小學後，能力變強時埋怨孩子達不到自己的要求。

無論孩子處於哪個階段，父母都可以給予孩子最強大的支援，以助力孩子的成長。

接下來將分享五個給孩子「搭建鷹架」的深度陪伴工具和方法，幫助父母透過給孩子提供支援的方式，逐步提升孩子的多元能力。

◆ 透過檢討，教孩子把過去的成功經驗運用到未來

我發現一個很有趣的現象，如果孩子考試考好了，父母通常會說，下次再接再厲；如果孩子沒有考好，父母會說，好好想想為什麼沒考好，這道題錯在哪裡。

也就是說，當孩子沒做好時，有的父母會帶著孩子一起去檢討找原因，但是當孩子做好時，卻很少帶孩子去找原因。要知道，找原因的意義，不僅僅是避免再次出錯，還可以把過去的成功經驗運用到未來。

有的父母甚至在孩子沒考好時也不會引導孩子去檢討，而是指責孩子：「為什麼這麼簡單的題都丟分？」、「你怎麼考得這麼差！」這樣無疑是白白浪費了一次幫助孩子提升能力的機會。

如果父母能夠幫助孩子把每一次經驗，不論結果是好的還是不好的，都轉化成對未來有幫助的經驗，從孩子會走路開始，一直積累到長大，孩子的能力將會有程度的飛躍。

所以，如果想給孩子搭建鷹架，第一個深度陪伴工具就是「檢討」。

我們要如何帶著孩子檢討呢？
第一，透過提問讓孩子提煉成功經驗。
有一次期末考試樂樂得了全 A，我決定帶樂樂好好檢討一下，看看他是如何做到的。

我：樂樂，這次期末考試你全部都是 A，包括你覺得自己不擅長的體育都是 A，這就說明，你這次真的下工夫準備了，你覺得自己下功夫了嗎？

樂樂：我確實下了功夫。

我：那你是怎麼下功夫的呢？

樂樂：考前我找了很多有用的資料去複習。

我：你在哪裡找的有用的資料？

樂樂：家裡啊，我把家裡可以找到的資料全部都找出來了，有些是老師發的。去年，我在路邊買東西回來，突然看到一個推銷員，他給了我一個四年級的考試複習資料，我也留著了。

我：那你覺得對自己有幫助嗎？

樂樂：有。

我：真的呀，你知道你這次用到了什麼方法嗎？第一，在態度上，你重視了這次考試，你在努力地準備。第二，你廣泛地搜集資訊，把對考試可能有說明的資料全部都搜集過來。甚至還沒有考試時，你就把覺得可能會對未來考試有說明的資料都搜集過來了。這一點媽媽做得不如你，如果是我，就不會要這些資料，會扔掉，而你卻留著並且派上了用場，這說明你有先見之明。

樂樂：要有長期思維。

我：對。

樂樂：第三就是考前我把很有可能考的地方全部看了一遍。

我：你是怎麼分析哪些可能會考的呢？

樂樂：比如一個人的精神品質、字詞什麼的，可能都會考。

　我：你會自己分析哪些考點可能會考是不是？

樂樂：是。

　我：哇，這個很厲害，媽媽以前就沒有這樣的思維，爸爸以前上學的時候就用過這樣的思維，你可以向爸爸多請教。第四呢？

樂樂：第四就是我在考試時會抓作文。

　我：你怎麼知道要抓作文？

樂樂：因為作文有 25 分。

　我：哦，你知道要抓重點了，作文是重點。

樂樂：對呀，閱讀那些小題也就 5 分而已，我看到時間不夠了，就趕緊跳過那道題去寫作文了。

　我：哇，這個是很大的進步啊，你以前經常到寫作文的時候，發現時間不夠用了，所以作文就匆匆收尾，是不是？

樂樂：是。

　我：你看你抓重點的能力也培養出來了。媽媽總結一下，你這次之所以能夠考得比較好，超出自己的期待，是因為第一，你認真對待了；第二，你廣泛地搜集資訊，把所有可能對考試有說明的資料都看了一遍；第三，你自己分析了考點；第四，你抓取了重點，比如寫作。還有嗎？

樂樂：班上有些同學會購買學習筆記，但是我覺得老師寫到黑板上的板書和 PPT 上的內容都是比較有用的，所以我就會把老師講的內容記錄下來，而不是選擇

購買課堂筆記。

我：媽媽覺得你選擇自己去把老師講的內容記錄下來，做成自己的筆記，比直接購買課堂筆記的方法更好。

樂樂：是的，因為自己記錄課堂筆記就可以把老師講的內容印到腦子裡。而別人做的課堂筆記，就像吃涮牛肉一樣，在水裡浸泡幾秒鐘，就出來了，並不會將筆記深刻地印到自己的大腦裡。

我：哇，媽媽覺得「涮牛肉」的比喻特別好。媽媽覺得你這次真的進步好大。媽媽開心的並不僅僅是你考了Ａ，媽媽最開心的是你透過自己的分析、體驗、研究，找到了考好的方法。

在我跟樂樂的對話裡面，我會透過不斷提問，幫助樂樂總結自己的經驗。比如，我問樂樂：「那你是怎麼下工夫的呢？」、「你是怎麼分析哪些知識點可能會考的呢？」就是在讓樂樂去提煉他的成功經驗。

第二，透過提問讓孩子提煉失敗經驗。

如果孩子做得不好，失敗了，我們一樣也可以透過提問去幫助孩子提煉失敗的經驗，從而讓孩子未來避免犯同樣的錯誤，這也是一次很好的檢討。

比如，我們可以問孩子，「下次如果你想要得到更好的結果，你覺得你要避免什麼呢？」

第三，幫助孩子總結他自己的經驗。

　　有時候，孩子不具備自己總結經驗的能力，這個時候，父母可以幫助孩子總結他的經驗。

　　比如，我會幫樂樂總結：

　　「媽媽總結一下，你這次之所以能夠考得比較好，超出自己的期待，是因為第一，你認真對待了；第二，你廣泛地搜集了資訊，把所有可能對考試有說明的資料都看了一遍；第三，你自己分析了考點；第四，你抓到了重點，比如寫作。還有嗎？」

　　這樣可以幫助孩子去強化一起找出關鍵資訊，從而記憶更深刻。

　　考試對孩子來說，既是一件重要的事情，又是一件不重要的事情。

　　重要是因為，考試是對孩子階段性學習的驗收，能夠幫助孩子看到自己在一段時間裡付出的時間和努力，最後結果怎麼樣。

　　不重要是因為，考試並不能完全代表一個孩子的能力，它只是孩子成長路上一個非常小的階段式里程碑。

　　所以跟孩子聊考試，不論孩子是哪種情況，最重要的就是檢討，檢討做得好的地方在哪裡，做得不好的地方在哪裡。

　　因為只有檢討，才可能幫助孩子把過去的成功經驗轉化成可以遷移到未來的能力，或者把過去的失敗經驗轉化成可以吸取的教訓，從而讓未來的方向更加正確。

深度陪伴工具

檢討

檢討可以幫助孩子把過去的成功經驗轉化成可以運用到未來的能力，或者把過去的失敗經驗轉化成可以吸取的教訓。

1・透過提問讓孩子提煉成功經驗。

2・透過提問讓孩子提煉失敗經驗。

3・幫助孩子總結他自己的經驗。

◆ 啟發式提問，啟動孩子的多元思考能力

孩子的思考能力，不是憑空生出來的，而是在一次次的思考練習中，慢慢長出來的。

有些孩子每天都會主動思考很多事情，有些孩子不會主動思考，但這並不表示他們就沒有思考能力或者不想思考。只不過他們需要一些外部的助力而已。這個時候父母可以透過提問去啟發孩子思考。

有些本身就喜歡主動思考的孩子，他們的思考深度也會有一定的局限性，這個時候父母也可以透過提問去啟發孩子進一步深度思考，從而啟動孩子的多元思考能力。

所以，如果想要給孩子搭建鷹架，第二個深度陪伴工具就

是「啟發式提問」。

要如何進行啟發式提問呢？

第一，問原因。

有一次我跟樂樂一起在公園草坪上曬太陽，樂樂看著爸爸的電子書，突然對我說：「媽媽，我覺得電子書比紙本書要好。」

我：為什麼你會這麼覺得呢？

樂樂：因為電子書不需要像紙本書那麼麻煩地去翻頁。

我：是嗎？紙本書翻頁不也很簡單嗎？

樂樂：如果你在喝飲料的話，一隻手就不好翻頁，但是看電子書時就可以一手喝飲料，一手翻閱。

聽完樂樂的回答，我發現確實是，我平時都沒有想過。孩子的思維總是這麼鮮活。

問原因時，可以多用「為什麼」提問。

比如，我問樂樂「為什麼你會這麼覺得呢？」就是在問原因。

第二，問詳情。

我和樂樂就電子書和紙本書的區別繼續聊：

我：對哦，這一點媽媽沒想到。還有其他好處嗎？

樂樂：電子書不容易被損壞，紙本書一撕就爛了。

我：還有嗎？

樂樂：儲存量也不一樣，電子設備裡面可以放很多電子書，

甚至是所有的書，但是一本紙質書就只有一本的內容。

我：還有呢？

樂樂：電子書不需要佔用太多空間，紙質書一本一本的很占地方。

我：這個真的是，比如我們家一面牆的書架全部都是紙本書，如果是電子書，一個閱讀設備就搞定了。還有嗎？

樂樂：還有就是如果你很想看哪本書，你有電子書的話就可以立即搜來看，但是紙質書你還要去書店買，或者在網上買，等它寄到家裡來才能看，沒那麼方便。

我：是的，這方面紙本書不如電子書快捷。還有嗎？

樂樂：萬一那個書店離家很遠，你還要坐車。這樣還會增加碳排放。

我：哈哈，你說得很對，是會增加碳排放，不環保。媽媽發現四年級的你邏輯思維能力提升了好多呀！

到這裡，你是不是覺得跟孩子的對話就差不多結束了？其實我們還可以透過好的啟發式提問，讓我們跟孩子的日常對話變得更好玩、更有深度。

我：好，那我們現在來玩個遊戲，剛才你是正方辯手，你的辯題是：電子書比紙本書好。那現在我們歡迎反方辯手樂樂登場，反方辯手的辯題是：紙本書比電子書好。

樂樂聽到要玩遊戲很開心，思考了一下，繼續沉穩地提出他的觀點。

樂樂：第一，紙本書更實在，能夠讓人清晰地摸到紙的感覺，每本書的手感都不一樣，哪怕盲人也可以識別。

我：你說的是專門為盲人開發的紙本書，有凹凸不平的感覺，盲人可以透過觸摸來讀書，電子書確實沒有這方面優勢。還有嗎？

樂樂：如果你想有一種仿古的感覺，就不能買電子書。而且有些人不認識電子書，跟他解釋要花很長時間。

我：這個倒是，特別是老人家，比如讓奶奶看電子書，她就不會操作，需要給她解釋很久。還有嗎？

樂樂：雖然紙本書沒有電子書那麼方便，但是可以同時看到更多文字。

我：為什麼可以同時看到更多文字？

樂樂：因為我翻開紙本書，可以同時看到兩頁。

我：原來如此，是的，而且我還可以一邊看前面幾頁，一邊看後面幾頁，電子書就沒那麼方便。還有嗎？

樂樂：沒有了。

我：用手翻紙本書和翻電子書的感覺有沒有不一樣？

樂樂：媽媽，我又想到一個。翻動電子書的時候，如果鉛筆屑落在上面就麻煩了，因為當你把鉛筆屑抹掉的時候，電子書就會被翻到下一頁了。

我：是的，因為只要你觸摸了螢幕，螢幕就會做出相應的反應。還有嗎？

樂樂：紙本書沒有那麼電子書那麼容易損壞。

我：是嗎？

樂樂：是呀，因為電子書有承載系統的設備，如果你不小
心把電子設備從高處摔下去，電子書就會損壞，但
是紙本書就不會。

我：是的，還有嗎？

樂樂：紙本書不會讓你得懶惰症。

我：這是為什麼呢？

樂樂（給我做了一個示範）：媽媽，你看電子書可以這樣看，
紙本書就不能這樣看。

大概的意思就是我們躺在草坪上的時候，可以側著身子，
躺在那裡，一隻手去翻電子書，但是紙質書必須坐起來兩隻手
拿著看。

樂樂：而且紙本書還需要這樣夾住書頁，要不然書就會自
動合上。

我：是的，看紙質書時我們要用更標準的姿勢。那你摸
一下紙本書和電子書的感覺，有沒有什麼不一樣？

樂樂：紙本書是由樹木做成的，看紙本書就會想到樹木被
砍。

我：是的，同時我們也會感受到跟自然的連結，和生命
力的連結。我：你看你能夠說出這麼多正方的觀點，
同時還能說出這麼多反方的觀點，比起三年級的你，
現在的你進步了好多，這就是你的成長啊。

這次聊天，我大部分時間都在問樂樂「還有嗎」，透過不
斷追問「還有嗎」，啟動了樂樂的多元思維，他拋出了一個又

一個觀點。如果沒有這些啟發式提問，可能樂樂自己也無法意識到，原來自己能想出這麼多東西來。

當我們問孩子詳情的時候，通常可以用「是什麼」、「在哪裡」、「還有嗎」之類的句式。

比如，我問樂樂「有沒有什麼不一樣？」、「還有其他好處嗎？」就是在問詳情。

第三，問方法。

當我們問孩子方法時，可以多用「怎麼做才可以……」或者「你覺得要怎麼處理呢？」這樣的句式。

小學階段的孩子，邏輯思維能力在高速發展中，這樣的啟發式提問小遊戲，每一位父母都可以在週末陪孩子戶外玩耍的時候跟孩子一起玩。一方面可以促進孩子多元思維能力的發展，另一方面也能夠讓孩子意識到，「很多事情沒有對錯，只有觀點的不同」。

我在跟樂樂對話時，還用到了一個小技巧，就是讓孩子自己既提出正方觀點，又提出反方觀點，讓他學會用自己的「反方觀點」去推翻自己的「正方觀點」，這就是學習把「二元對立」進行統一的開始。很多成年人都不具備「二元對立」統一的能力。所以，我們可以在孩子小的時候就去培養這樣的思維模式。透過這樣的深度陪伴，可以讓孩子對世界更加包容、保持更加開放的態度。減少限制性信念，孩子的人生才會有更多可能性。

深度陪伴工具

啟發式提問

啟發式提問不僅可以促進孩子多元思維能力的發展，還能夠減少限制性信念，讓孩子的人生有更多可能性。

1・問原因。

2・問詳情。

3・問方法。

◆ 拆解目標，讓孩子體驗時間的複利

我見過很多父母，在孩子遇到困難時，自己也跟著一起急。本質上，這是因為這些父母自己也不知道應該如何幫助孩子跨越困難，當然孩子就更不知道了。

我見過有的媽媽因為孩子無法背課文，逼著孩子背到晚上11 點，勉強過關，最後大人和孩子都筋疲力盡。

我也見過有的媽媽因為孩子連一道簡單的數學題都不會做，反覆給孩子講解，孩子還是不會，最後崩潰。

父母養育孩子的過程，如果忽略「時間」的因素，就很容易陷入「馬上要出結果」以及「抓狂」的狀態中。

比如，有些父母在孩子上小學後才發現，孩子不太認得字，

於是只好給孩子報補習班或者填鴨式地要求孩子每天必須學會認多少個字。

有些父母在孩子上小學後才發現，孩子的閱讀理解能力很差，於是便又給孩子報一個相關的提升班或者買很多模擬卷，讓孩子多做題。

這就是忽略「時間」因素的父母的狀態。

其實，孩子上小學之前，有 6 年時間呢。這 6 年時間都是在為小學做準備，完全可以把達到小學階段的基本識字量和基本閱讀水準作為一個小目標。透過對這個目標的拆解，在這 6 年時間透過深度陪伴去達成。

比如樂樂不到 1 歲，我就開始堅持每天給他讀繪本，上小學之後，他已經有了大量的閱讀經驗，很快就能夠切換到無圖的純文字閱讀中，並且閱讀速度在小學二年級左右就已經接近成年人的水準了。

這也是父母可以在幫助孩子提升多元能力方面，最應該做的事情。不要試圖要求孩子在短時間內出結果，而是要把對孩子的期待拆解成一個個小目標，透過陪伴孩子成長，每天循序漸進地去達成。

所以，如果想要給孩子搭建鷹架，第三個深度陪伴工具就是「拆解目標」。

面對困難時，考驗的是一個人拆解目標的能力。

可以說，大部分養育問題無法得到有效解決，都是因為父母不會拆解目標。在這裡給大家分享三個小方法：

第一，把任務按照階段進行拆分。

　　我曾經遇到過一個很大的挑戰，就是幫助一年級的樂樂學會跳繩，並且趕上班級平均水準。那個時候，他完全不會跳繩，是班級為數不多的幾個不會跳繩的孩子。不論我怎麼教，老師怎麼教，都跳不過去。樂樂很想學會，但是努力了很久還是不會，他很有挫敗感。看到孩子這樣，我的心裡也不好受。說實話，當時這個挑戰對我來說真的很大。

　　在我以前的認知裡，從來不認為「跳繩還需要教」。

　　我小時候運動能力特別強，花式跳繩、花式踢毽子、單槓雙槓爬槓、羽毛球乒乓球、長跑短跑，都不在話下，也沒人教過我。

　　所以，我覺得這就是一種自然而然的能力，剛開始，並沒有太當回事。

　　樂樂說不會跳，我就讓樂樂爸爸、爺爺教他跳，找老師教。跳了幾天之後，樂樂生氣地說：「我不想學跳繩了，太難了。」因為他怎麼都跳不過去。

　　我這才開始引起重視。後面透過「拆解目標」，花了大概 1 年的時間幫助樂樂達到了平均水準。

　　我是怎麼說明樂樂做目標拆解的呢？

　　答案就在下面這張圖裡：

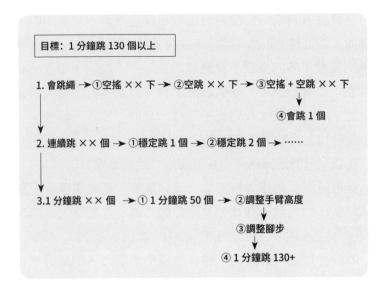

我把目標分成了三個階段：

第一個階段：讓樂樂學會跳繩，只要他能夠跳過去 1 個，
就代表會了。

第二個階段：讓樂樂能夠連續跳 N 個。

第三個階段：讓樂樂 1 分鐘的跳繩數量達到班級平均水準。

**每一個階段的目標，我又進一步做了拆分，拆分到每一個
具體的步驟，這些都是樂樂稍微一努力就能取得結果的。**

就這樣，我花了 1 週時間教會樂樂跳過去 1 個。這是他對
跳繩產生興趣的開始，因為有勝任感了。

又花了 1 個月時間，樂樂差不多可以連續跳 5 個。

1 個學期後，能做到 1 分鐘跳 50 個左右，但是速度上不去，
因為他習慣跳一下頓一下。

1年以後，樂樂才趕上班級平均水準，1分鐘跳100多個。

2年後，樂樂參加校運會跳繩比賽，很驚喜地拿了年級男子組第二名。

從此以後，不論樂樂遇到多大的困難，我都會問他：「你覺得這個難度比起你一年級學習跳繩的難度，哪個大？」目前為止，他還沒有遇到比他學習跳繩更難的事情，因為那件事情對他、對我來說真的是非常大的挑戰。所以自從學會了跳繩，只要樂樂想做的事，再也沒有哪件能難倒他了。

再比如孩子的語言能力發展，我們也可以分成三個階段，第一個階段是大量閱讀階段，第二個階段是識字階段，第三個階段是寫作階段。按照這樣的目標拆分，一步步走，父母會特別省心，孩子的能力發展也會特別高效。

第二，把任務按照數量進行拆分。

比如對於樂樂跳繩這個目標，本質上也是一個數量目標。我的目標是讓樂樂1分鐘跳的數量達到班級平均水準，但是樂樂的情況是不會跳。所以，我就會把目標拆解成幾個階段：先會跳1個，再會穩定地連續跳N個，最後才是1分鐘跳的數量達到班級平均水準。這中間每一個階段還可以不斷拆解。

第三，把任務按照時間進行拆分。

比如孩子做作業這件事，假設作業總時長需要1小時，那麼我們可以拆成3個20分鐘，每學習20分鐘休息5～10分鐘，這樣孩子效率會更高。

　　剛開始，孩子能力不足時，看起來是處於劣勢，但是如果父母能夠說明孩子進行合理的目標拆解，透過拆解目標說明孩子取得一個又一個階段性的小成功，一直到最後達成目標，這種時間帶來的複利效應，是非常驚人的。

　　孩子會發現，雖然剛開始自己落後一些，但是只要給他時間，告訴他正確的步驟，他就能夠最終趕上大家，甚至超越平均值。一旦孩子體驗到時間的複利，在困難面前，他就會變得更有耐心，這才是真正的價值所在。

深度陪伴工具

拆解目標

拆解目標可以說明孩子取得一個又一個階段性的小成功，一直到最後達成目標。一旦孩子體驗到時間的複利，在困難面前，他就會變得更有耐心，這才是真正的價值所在。

1・把任務按照階段進行拆分。

2・把任務按照數量進行拆分。

3・把任務按照時間進行拆分。

◆ 三個步驟，提升孩子解決問題的能力

很多父母特別追求效率和結果，所以當孩子遇到問題時，為了快點完成，父母很容易就做出「直接給答案」或者「幫孩子做」的行為。

這樣做的結果就是，雖然成年人沒有因為孩子的原因被拖時間的後腿，但是孩子失去了一個又一個學習如何解決問題的機會，影響了孩子多元能力的發展。

其實，我們在深度陪伴孩子的過程中，最大的價值之一，就是教會孩子解決問題的正確步驟。一旦孩子學會了解決問題的正確步驟，以後再遇到問題，就能嘗試自己去解決了。解決問題的能力也就能在日復一日的練習中越來越厲害。

但是這裡又會出現一個問題，那就是很多父母自己也不懂得解決問題的正確步驟，總是習慣性地馬上給出解決方案。

比如孩子作業寫了 3 個小時還沒寫完，父母的解決方案就是不斷催促孩子或者兇孩子。

孩子發脾氣在地上打滾兒，父母的解決方案就是「拿東西哄」或者「直接轉身走開」。

這樣解決問題的習慣，都忽略了一個非常重要的步驟，那就是分析原因。解決問題的實際步驟有三步，一步都不能少。

因此，如果想要給孩子搭建鷹架，第四個深度陪伴工具就是「解決問題三步驟」。

具體是哪三個步驟呢？要怎麼做呢？

第一，定義問題。

有時候，父母眼中看到的問題可能不是真正的問題所在。所以重新定義問題是解決問題三步驟中重要的第一步。

有一次樂樂上網課遲到了，我問樂樂是怎麼回事，樂樂回答：「我的平板電腦沒電了。」

平板電腦沒電了導致上課遲到，也不是第一次了。

等樂樂上完課，我找他聊這個問題。

> 我：樂樂，媽媽注意到你因為平板電腦沒電而遲到，至少有 5 次了。
>
> 我想問一下是什麼原因，你自己知道嗎？
>
> 樂樂：那是因為我老是忘記給平板電腦充電。

剛才講的我和樂樂的這個小故事，表面問題是孩子經常上網課遲到。如果我們把這個表面問題定義成真正要解決的問題，那麼我們解決問題的方案可能是給孩子設置鬧鐘。但是這個方案可以解決這個問題嗎？其實並不能。因為它不是真正的問題。

我跟樂樂的對話，大部分時間都是在一起定義真正的問題。真正的問題是上課時發現平板電腦沒電了，這才是需要解決的問題。

第二，分析原因。

找到了真正的問題，再來分析背後的原因。我跟樂樂是這樣溝通的：

我：那為什麼會忘記給平板電腦充電呢？

樂樂：我也不知道。

我：有沒有一種可能，是你跟爸爸一起共用平板電腦，所以你跟爸爸對使用平板電腦的分工不太清晰？

樂樂：我覺得平板電腦主要是爸爸在用。

我：但是你也在用，所以也算共用，你覺得呢？

樂樂：是，但是平板電腦是爸爸的。

我：那你是不是覺得平板電腦是爸爸的，所以充電也就不是你的事，你只是使用者？

樂樂：是。

我：你想要享受什麼樣的權利，就要承擔什麼樣的責任。你享受了使用平板電腦的權利，你就需要給它充電。

樂樂：我充電了呀，但是每天爸爸都會把電耗光。

我：原來如此，所以現在就涉及合作的問題了。你跟爸爸要商量一個合作機制，不用每天相互提醒，你們使用時都不會出現沒電的情況。

樂樂：好。

透過探討，樂樂發現，導致平板電腦沒電的原因，其實是缺少清晰的合作機制，把合作機制重新設定一下，責任清晰了，問題也就可以解決了。

第三，解決問題。

找到了原因，解決問題的方案就很簡單了。前面花了 90% 的時間去定義真正的問題和分析原因，最後只需要花 10% 的時

間去找到解決方案就可以了。

最後，樂樂跑去跟爸爸商量，商量的結果是，爸爸主動提出，週一到週五平板電腦都由樂樂使用，樂樂使用完、充好電，爸爸週末使用，使用完再充好電。

找到了解決方案後，我跟樂樂一起檢討這件事：

> 我：透過今天這件事情，你覺得有哪些收穫和啟發嗎？
>
> 樂樂：我的收穫是，找人合作要確定好自己要幹什麼，對方要幹什麼，兩個人要一起幹什麼。
>
> 我：非常好，這個就叫分工合作，你聽過這個詞吧？
>
> 樂樂：聽過，但是我們之前只有合作沒有分工。
>
> 我：那就叫隨意合作。
>
> 樂樂：沒有分工的合作就是你說了要合作，結果不做。
>
> 我：哈哈，對呀，這就是管理中經常會出現的問題。
>
> ……

透過檢討，樂樂對分工合作又有了更加深刻的理解，又是一次成長。

我一直認為，**每一次出現問題都是父母讓孩子成長的契機。**

在深度陪伴孩子的過程中，透過解決問題三步驟，父母可以把「問題」轉化成「孩子成長的契機」。

當這一層思維改變時，我們就能夠意識到，孩子的行為出現偏差時，正是孩子成長的關鍵時刻。帶著這樣的意識，我們很自然就能成為孩子的支持者，而不是批評者。

　　在孩子需要發展的多元能力裡面，解決問題的能力是非常重要的一種。如果父母能夠透過「解決問題三步驟」教給孩子正確的解決問題的思路，那麼孩子也會變得更加有力量、自信、情緒穩定。

深度陪伴工具

解決問題三步驟

透過解決問題三步驟，父母可以把「問題」轉化成「孩子成長的契機」。

1・定義問題。

2・分析原因。

3・解決問題。

◆ 孩子抱怨時，是給孩子示範重新建構思維模式的好機會

　　我們都聽過「言傳身教」這個成語，但是大部分父母都沒有意識到，教育孩子，「身教」的力量遠遠重於「言傳」。

　　父母對孩子進行示範，就是在用「身教」的力量去影響孩子的行為甚至思維模式。孩子的第一任老師就是父母，父母說

話的方式，父母思考問題的方式，父母習慣性的動作，甚至父母走路的方式，都會被孩子的心智潛移默化地吸收。

所以，如果想要給孩子搭鷹架，第五個深度陪伴工具就是「示範」。

父母可以透哪些方式給孩子盡可能有效的示範呢？

第一，給孩子示範應該如何正確表達。

有時候，一個表達的改變，就可以重塑一個孩子的思維模式，所以不要小看對表達的示範。

有一天下午我準備帶樂樂和雄雄去公園玩。

我從 2 點半雄雄睡醒就跟樂爸說好了，等 3 點雄雄喝完奶我們就走，樂爸答應了。

結果等到 3 點 40，才準備出門。樂爸說，4 點他有一個線上會議，開會時他沒法帶雄雄和樂樂，我說沒問題。

結果樂爸繼續拖拖拉拉。

我和樂樂實在等不及了，就帶著雄雄先走了，讓樂爸慢慢來找我們。

結果等到快 4 點，樂爸打電話說，這次會議需要用電腦，所以他必須在家裡開完會再來找我們。我說好，那我們自己玩吧。

樂樂聽完爸爸的電話，說：「爸爸太拖拖拉拉了，爸爸總是這樣。」

我：樂樂，媽媽猜你剛才其實想表達的是，爸爸今天特別

慢，對嗎？

樂樂：是的，以前爸爸也出現過這樣的情況，他總是很慢。

　我：是的，我知道爸爸以前也出現過很多次這樣的情況，但是爸爸也有不磨蹭的時候，你同意嗎？

樂樂：同意，但是很少。

　我：沒關係，重點是他也有不磨蹭的時候。所以我們用「總是」這個詞就不太合適。我們可以說爸爸有很多次都特別慢，你同意嗎？

樂樂：同意。

這種場景我相信在很多家庭都不陌生。孩子可能會失望，會抱怨，這很正常。最重要的是，我們要透過示範幫助孩子學會正確地評價。

「總是」意味著爸爸做好的可能性非常低，但是「有很多次」則代表爸爸也有做得好的時候。正確地評價不僅可以讓孩子對爸爸滿懷希望，爸爸聽到了也會更有意願去改變自己。

同時，這也關係到孩子思維模式的構建。

當一個人在表達一件不好的事情時，習慣在前面加上「總是」，其實很容易習得一種「事情很糟糕，事情很難有轉機，事情很難改變」的思維模式。

而我希望樂樂能夠養成「無論事情怎樣，都有希望透過自己的努力去變得更好」的思維模式。

當我們能夠去引導孩子發現，事情沒有我們想像中那麼糟糕，對方也沒有我們想像中那麼糟糕時，孩子的思維模式就在無形中被重構了。

第二，給孩子示範如何從不好的事情中看到好的一面。

我們都想要幫助孩子養成樂觀積極的心態，可是具體應該怎麼做呢？

最簡單的方法就是培養孩子「從不好的事情中看到好的一面」的能力。

這一點，也可以透過父母的示範去幫助孩子習得。

後面我和樂樂繼續溝通：

> 樂樂：昨天我讓爸爸給我買水果，結果爸爸特別慢。過了很久都沒買，我提醒他，他說忘記了，然後又沒買，我提醒了好幾次才記得買。
>
> 　我：對，這確實也是一種拖拖拉拉。不過我看到的跟你看到的不一樣。
>
> 樂樂：哪裡不一樣？
>
> 　我：我看到的是你一直在推爸爸去行動，哪怕你提醒了爸爸好幾次他都忘記了，你也沒有放棄，還在不斷地推爸爸行動，最終達成了你的目標。我覺得你做得特別棒！

在我和樂樂的溝通中，我示範給樂樂如何從「爸爸很慢」這件事中，看到自己的優點，這樣樂樂就從能量非常低的「失落」狀態變成能量比較高的「行動」狀態了。

孩子的每一次抱怨，都是一次引導孩子去思考和重構思維模式的契機。

在每一個育兒場景裡面，都蘊藏著很多深度陪伴的哲學。

每一件小事都不起眼，但是如果一年 365 天我們都能夠認真去對待這些小事，耐心地去示範給孩子看，深度陪伴的複利效應將會不可想像。

第三，給孩子示範應該如何行動。

在孩子成長的過程中，每一項能力都離不開反覆練習。而反覆練習的前提是，一定要有父母的示範。

比如說話，如果孩子 2 歲前父母沒有大量地跟孩子說話，就無法發揮說話的示範作用，那麼孩子學習說話的能力就會延滯。

比如閱讀，如果孩子上小學前父母沒有帶著孩子一起閱讀，或者自己沒有堅持閱讀，就發揮不了閱讀的示範作用，那麼孩子上小學以後仍需要父母花費大量精力去培養閱讀習慣。

所以，一定要多給孩子示範如何去做。這種示範，不是父母光用嘴巴告訴孩子，而是要做給孩子看。

記住，對孩子的教育，「身教」比「言教」更重要。

深度陪伴工具

示範

父母對孩子進行示範，就是在用「身教」的力量去影響孩子的行為甚至思維模式。

1・給孩子示範應該如何正確表達。

2・給孩子示範如何從不好的事情中看到好的一面。

3・給孩子示範應該如何行動。

順勢而為，輕鬆培養孩子的多元能力

世界上存在著各式各樣的規律，比如天體運行的規律、四季輪迴的規律、生老病死的規律、價值交換的規律等。

如果順應規律，那麼人會活得更加從容和輕盈。如果違背規律，人就會活得特別難受。你非要在寒冬穿一件單衣在戶外溜達，不是不可以，但是你可能會被凍到感冒。

養育孩子也是一樣，每個孩子的成長都是有規律可循的。「發展心理學」就是專門講人從出生到老去的心理發展規律的。

如果父母能夠順應這些規律，那麼就可以更加輕鬆地培養孩子的多元能力。這就叫「順勢而為」。

接下來我們會分享三個「順勢而為」的深度陪伴工具和方法，幫助父母透過瞭解養育孩子的客觀規律，輕鬆高效地提升孩子的多元能力。

◆ 孩子自己嘗試的失敗，比別人代勞的成功更可貴

在成年人的世界裡，失敗者是被看不起的，只有成功者才

會被關注和崇拜。所以，很多父母在養育孩子的過程中，很容易把成年人的這種思維代入。

為了避免孩子失敗，情不自禁就代替孩子做了。

為了減少孩子失敗，不斷逼迫孩子超速成長。

其實，在孩子的世界裡，失敗才是常態。我回想了一下樂樂小時候，就連學習爬都失敗了很多次才會，走路也跌倒過很多次才學會，但是現在還會有人嘲笑他「小時候學爬都不會」、「小時候學走路還跌倒了」嗎？

因為我們知道，這是正常的，這是客觀規律，絕大多數孩子都是從失敗中學會了爬，學會了走，學會了跑，學會了跳。既然失敗不可避免，那只有多多鼓勵孩子不怕失敗，才能讓他多一些練習的機會，並且早一些從失敗中獲得成長和經驗。

所以，如果想要做到「順勢而為」，第一個深度陪伴工具就是「鼓勵失敗」。

父母應該如何鼓勵孩子失敗呢？

第一，不要代替孩子去做。

有一天晚上，樂樂要吃藕粉，爺爺奶奶下意識地想要幫樂樂去泡，結果被樂樂嚴詞拒絕了，樂樂想要自己泡。

爺爺奶奶擔心樂樂泡不好，還會灑得到處都是，看到樂樂這麼堅持，很生氣地對樂樂說：「看你自己弄不弄得好！」

最後樂樂自己確實沒有弄好，他很挫敗地自言自語：「我弄失敗了。」然後就落寞地跑進房間看書去了。

我知道，在一個人挫敗的時候，多渴望被看見和鼓勵，孩子更加是。

那段時間我正在二胎孕期，而且正是孕吐反應特別嚴重的階段，嘴裡全部都是孕吐反應的唾液，導致我基本無法講話。於是我用手機敲了一段話，走到樂樂面前，遞給他看：「媽媽要誇獎你為自己爭取到了獨立的機會，雖然藕粉沒做成功，但至少你按照自己的想法去嘗試了，總結經驗，下一次會更好。自己親自嘗試的失敗，比別人代勞的成功更可貴。」

樂樂看完我的留言，臉上露出了釋然的微笑。

一定要讓孩子知道，比起別人代勞的成功，自己嘗試的失敗更加可貴。這就是失敗的價值。所以，父母千萬不要代替孩子去做事，否則就失去了一個讓孩子體驗失敗、從中成長的好機會。

第二，把自己的失敗經歷或者厲害的人的失敗經歷講給孩子聽。

如果父母勇於在孩子面前袒露自己失敗的經歷，孩子就會知道，連厲害的爸爸媽媽都會經歷失敗，那我失敗了又有什麼關係呢？

我們這一代父母，小時候大都看過「愛迪生發明電燈」的故事，這其實是一個非常勵志的故事。愛迪生失敗了數千次，最後終於成功，那我們普通人失敗一次、兩次、三次、十次又有什麼關係呢？

愛迪生說過一句話，「我並沒有失敗，我只是發現了一千種不可行的辦法」。

把這樣厲害的人的失敗經歷講給孩子聽，可以讓孩子對自

己的失敗更加淡然，不會那麼容易產生挫敗感。

第三，在孩子失敗時安撫孩子。

每個孩子對壓力和挫敗的承受能力是不同的，有些孩子挫敗感更強，有些孩子抗挫能力更強。

所以，鼓勵孩子勇於失敗離不開對孩子的安撫。

當孩子挫敗感非常強的時候，不要勸孩子看開點，「愛迪生都失敗了一千次，你這點失敗算什麼？」

而是要使用我們在「親子關係四要素」裡講到的「安撫」的方法，先去認同孩子的感受，等孩子情緒平復了，再跟孩子講這些厲害的人的失敗經歷，孩子才會更容易從挫敗中走出來。

經歷失敗是人生的常態，這個世界上大多數人一生中都會經歷無數次失敗，這是宇宙運行的基本規律，沒有任何人可以改變這一點。既然這是必然會發生的，一味地幫助孩子避免失敗就沒有任何意義。作為父母，為什麼不好好利用失敗的機會，去幫助孩子成長呢？鼓勵孩子不懼失敗，是為了讓孩子更早、更多地體驗透過自己的努力取得成果的成就感。

接納失敗，也可以讓孩子從小就認識到，失敗沒什麼可怕的，失敗也沒什麼不好意思的，失敗就跟我們每天要吃飯、睡覺、學習一樣，是非常正常的。

這才是培養孩子強大抗壓能力的最好方法。

深度陪伴工具

鼓勵失敗

鼓勵孩子不懼失敗，是為了讓孩子更早、更多地去體驗透過
自己的努力取得成果的成就感。

1．不要代替孩子去做。

2．把自己的失敗經歷或者屬害的人的失敗經歷講給孩
　子聽。

3．在孩子失敗時安撫孩子。

◆ 每個孩子都有自己的成長節奏

很多父母容易為孩子的事情焦慮，就是因為希望孩子按照
父母的節奏或者其他孩子的節奏去成長。

為什麼會有「別人家的孩子」出現？因為我們總是希望自
己的孩子成為最優秀的那一個。

可是優秀的定義不是單一的，而是多元的。我們在前面講
過，一個孩子的能力是多元的，只要有一項能力是優秀的，那
麼孩子就可能變得很優秀，而不需要每一項能力都優秀。

所以，追求讓自己的孩子成為「別人家的孩子」是沒必要
的，也是不現實的。孩子的天賦、孩子所處的環境、孩子所受

的家庭教育、孩子所在的發展階段、父母的認知等，都在影響著孩子的能力。

這裡面有很多因素都是不可控的，或者是在短期內很難調整的。

比如，父母已經定居在了一個三線城市，但是卻希望自己的孩子遇到的老師的素養可以和一線城市頂級學校的老師媲美，那是不實際的，即便馬上搬家，也未必能遇到。

但是這裡面有一個因素，是每一位父母——不論定居在哪裡，不論曾經接受的是什麼教育，不論家庭經濟條件如何，不論孩子是否在某方面有天賦——都可以掌控的，那就是尊重孩子的節奏。

所以，如果想要做到「順勢而為」，第二個深度陪伴工具就是「尊重孩子的節奏」。

父母要如何做才能真正尊重孩子的節奏呢？

第一，不要揠苗助長。

我記得樂樂上幼稚園大班的時候，在幼稚園學會 5 以內的加減法之後，過兩週就會忘記。

奶奶很著急，她記得樂樂表姐這麼大的時候，5 以內的加減法早就學得滾瓜爛熟了。我安慰奶奶，沒關係，本來加減法計算就應該在小學一年級學，時間沒到，孩子不會是正常的。

果然，上了小學之後，開學才 1 個月，樂樂就把 5 以內的加減法做得滾瓜爛熟了。不是因為一年級的老師比幼稚園的老師更會教，而是樂樂學習這個知識的「最佳時間點」到了。

前後也就差半年時間，家長和老師付出同樣的時間，孩子的能力提升卻有著完全不一樣的效果。如果我們把時間拉長到10年來看，早半年學會5以內加減法和晚半年學會，又有多大差別呢？

如果我跟奶奶一樣著急，很可能就會選擇「揠苗助長」的策略，給孩子報一個幼小銜接班，提前讓孩子多練習計算，孩子學起來費勁、不開心不說，錢也白花了。

如果你發現自己總是催促孩子，總是恨不得揠苗助長，甚至恨不得拉著孩子往前跑，那你可以嘗試去覺察內心深處，你是在把孩子跟誰在比較，然後放下對比心，就會更願意尊重孩子的節奏。

第二，降低自己的期待。

如果你總是一看到孩子落後就著急焦慮，那麼不妨試著降低自己的期待。就像我前面分享的陪樂樂跳繩的故事，不需要一開始就要求孩子要像班級其他孩子一樣一分鐘跳100個以上，我可以降低期待，只要能跳過去1個就可以，這樣我就更有耐心去尊重樂樂的節奏。

第三，發現孩子的天賦。

當你看到孩子在他的天賦方面發揮得很好時，面對孩子暫時落後的方面，你也會更有耐心去陪伴和等待孩子成長。

同樣，當你知道孩子在某方面確實沒有天賦時，你也能夠放下高期待，放下揠苗助長的策略，更尊重孩子的成長規律，

變得更加有耐心。

> 我特別喜歡網路上的這首小詩：
> 有的人 22 歲就畢業了，
> 但等了 5 年才找到好的工作。有的人 25 歲就當上了 CEO，
> 卻在 50 歲去世。
> 也有的人直到 50 歲才當上 CEO，然後活到 90 歲。
> 世界上每個人本來就有自己的發展時區。
> 身邊有些人看似在你前面，
> 也有些人看似走在你後面。
> 但其實每個人在自己的時區都有自己的節奏。
> 不用嫉妒或嘲笑他們。
> 他們都在自己的時區裡，
> 你也一樣！
> 生命就是等待正確的行動時機。
> 所以，放輕鬆。
> 你沒有落後，你沒有領先。一切都準時，
> 在命運為你安排的屬於你自己的時區裡。

這就是「尊重孩子的節奏」的重要性。樂樂並沒有因為在幼稚園時 5 以內加減法不如表姐或其他孩子掌握得熟練，就比其他孩子落後了。

當父母能夠真正尊重孩子的節奏，十多年後你會發現，一切都很準時，在孩子自己的時區裡。

深度陪伴工具

尊重孩子的節奏

尊重孩子的節奏，每個孩子都有著自己的時區。

1．不要揠苗助長。

2．降低自己的期待。

3．發現孩子的天賦。

◆ 抓住學習的最佳時機，孩子的成長事半功倍

不是父母想教孩子什麼，什麼時候教效果都是一樣的。學習是有最佳時機的。

2023年春節，我帶樂樂回四川老家過年，突然想起帶樂樂玩「翻花繩」的遊戲。雖然已經幾十年沒玩過了，但是我拿起繩子的那一瞬間，不需要思考，手指自然就知道如何翻了。不是我記性好，這是因為我在六、七歲時就開始玩，是學習的最佳時機，反覆練習就能形成一輩子的肌肉記憶。

什麼時候學什麼才是最快的、最容易內化成孩子的底層能力，是一種客觀規律，也就是我們常說的人的發展規律。比如，我們常說「三歲看大，七歲看老」，其實也是在提醒父母教育孩子要抓住孩子學習的最佳時機，千萬不要在七歲之後才教給孩子一些好的品行習慣，那時可能就晚了。

　　所以，如果想要做到「順勢而為」，第三個深度陪伴工具就是「抓住孩子學習的最佳時機」。

父母要如何做才能抓住孩子學習的最佳時機呢？

第一，抓住孩子每個階段的成長重點。

孩子在 18 歲成年之前，會經歷很多階段。

　　每一個階段，孩子的成長重點都不一樣。如果父母能夠瞭解孩子每個成長階段的規律，就能夠抓住孩子學習的最佳時機，這樣去養育孩子，會讓孩子的成長事半功倍。

　　比如對於孩子的安全感培養。

　　有一些父母在孩子小的時候，工作很忙，就會把孩子送回老家讓老人幫忙照顧，等到孩子大了，父母的事業穩定了，經濟實力足夠了，再把孩子接回來。

　　還有一些父母在孩子小的時候，會請老人或保姆在家照顧孩子，自己則全身心撲在工作上，每天晚上孩子睡著了，父母還沒下班，早上孩子醒來的時候，父母還在睡覺，一週也難得有陪伴孩子的機會。

　　這樣做的結果就是，孩子會跟爺爺奶奶、外公外婆或者阿姨很親，但是跟父母很難建立親密的關係。

　　等到孩子上小學了，父母看到孩子學習出現問題了，想要管一管時，孩子根本就不願意聽取父母的意見。

　　這是因為，在 0 ～ 3 歲這個階段，尤其是 0 ～ 2 歲這兩年，是孩子形成安全依戀最關鍵的階段。在這個階段，誰能給孩子深度的陪伴，誰就是孩子的安全依戀物件，誰就對孩子有更大的影響力。

　　這就是為什麼我生完二寶雄雄之後，堅持晚上自己哄睡。我也很想晚上多一些時間休息，安心地睡整夜覺。但是作為職業媽媽，白天我要工作，有時候晚上還要加班，所以唯一能讓孩子對媽媽形成安全依戀的確定的方式，就是讓雄雄睡覺時聞到的是媽媽的味道；晚上做夢哭了的時候，第一個聽到的聲音是媽媽的聲音，他不需要睜開眼睛確認自己的安全，聽到媽媽的安撫，馬上就可以繼續安心睡；每天早上起床睜眼看到的第一個人是媽媽，即便偶爾晚上媽媽加班無法趕回來哄睡，他也知道媽媽一定會回來的，第二天早上起來一定可以看到媽媽。

　　這種確定的感覺，讓雄雄有著十足的安全感。

　　有些父母會在孩子3歲前頻繁更換照顧孩子的人，比如爺爺奶奶和外公外婆各照顧一個月，或者頻繁更換照顧寶寶的保姆，這些都是嚴重破壞孩子安全感的行為。因為3歲以前，是孩子安全感形成的黃金期，儘量要保證照顧孩子的重要他人的穩定性，並且給到孩子深度陪伴。孩子有了很好的安全感，3歲以後會特別好帶。

　　再比如閱讀習慣的養成。

　　很多父母，在孩子上小學之後，會對孩子認字少、閱讀理解能力弱、作文半天寫不出來感到很頭疼。這些父母會選擇花錢給孩子報一個快速識字班，或者閱讀課、寫作課。

　　這些問題的背後，其實很大一部分原因是孩子的閱讀量太少。而養成孩子閱讀習慣的關鍵期就是0～6歲。樂樂不到1歲就開始親子閱讀，堅持到幼稚園大班結束，上小學後自然就過渡到了自主閱讀。有了大量的閱讀經驗，他的閱讀理解能力、

寫作能力都不用我操心。對二寶雄雄，我更重視親子閱讀，從 3 個月開始親子閱讀，到 1 歲 7 個月時他已經養成了閱讀習慣。每天早上上班前，雄雄吃完早飯，都會主動牽著我的手去他的專屬書架前拿書讓我給他講。白天我不在家的時候，他會找爺爺給他讀，晚上如果爸爸比我下班早，雄雄又會拉著爸爸的手讓爸爸給他閱讀繪本。

6 歲以前，孩子越早養成閱讀習慣，閱讀這件事情就越簡單、越容易。反之，就越難、越複雜。

在孩子 6 歲以前給孩子養成閱讀習慣，會讓孩子受益終身。

掌握孩子學習的最佳時機，對父母來說，就是一種聰明的教育投資。用更少的時間、更少的資源、更輕而易舉的方式，輔助孩子打下更牢固的人生基礎。

第二，抓住孩子的「哇」時刻。

「哇」時刻，就是孩子最有興趣、關注點最飽滿的時刻。所以也是孩子學習的最佳時機，因為此時孩子的學習意願是百分之百的。

在第四章中詳細講解了如何抓住孩子的「哇」時刻。

第三，抓住孩子的敏感期。

兒童敏感期的概念是由著名兒童教育家蒙特梭利提出的。

當孩子處於一個特定的敏感期，他會很積極、很自然地表現出他相應的傾向。當這個敏感期完全消退時，他這種積極的傾向和熱情也就沒有了。我們應該根據特定的敏感期給孩子提供充分的機會，讓孩子建構特定的能力。因此，相應的給予孩

子刺激的環境非常重要，沒有合適的環境，孩子得到的會比他應該具備的能力少。而且過了特定的敏感期，孩子的熱情和興趣也會逐漸消失，學習起來會事倍功半。

在孩子 0 ～ 6 歲期間，有六大敏感期。如果父母能夠抓住這六大敏感期，就可以在孩子多元能力培養上事半功倍。

1 · 語言敏感期（0 ～ 6 歲）

這段時期，是發展孩子語言能力、閱讀興趣和習慣、寫字興趣等的黃金期。這個階段你跟孩子說話、講故事越多越好，孩子愛聽也愛學。

比如，樂樂是 9 多月開始親子閱讀，雄雄是 3 個月開始親子閱讀，因為抓住了語言敏感期，所以他們從小就養成了閱讀的習慣，我沒有在他們的閱讀上操心過。

如果父母錯過了孩子 0 ～ 6 歲的語言敏感期，等到 6 歲以後才培養孩子的閱讀習慣，那麼難度就會大很多。

2 · 運動協調敏感期（0 ～ 4.5 歲）

這個階段是發展孩子爬、站、走、跳、跑、手眼協調、雙手協調的黃金期。孩子願意自己動手嘗試，孩子會走路以後也喜歡到處跑跳探索。

如果父母在孩子 1 歲左右就允許孩子按照自己的意願拿湯匙吃飯，那麼 2 歲左右孩子基本上就可以自主吃飯，而且湯匙拿得比較穩；但是如果父母不抓住這個敏感期，那麼很可能孩子 3 歲了還不能自主吃飯，甚至不願意自己吃飯。

再比如，如果父母在孩子會走路以後，就少抱孩子，少推

嬰兒車，讓孩子多自己走路、跑步，自己拿力所能及的物品，那麼孩子長大後的運動能力就不會差。但是如果錯過了這個敏感期，孩子被保護得太好，小學後可能就會運動能力偏弱，甚至「手無縛雞之力」。

3・秩序敏感期（1～3歲）

這個階段的孩子會出現「某件事情一定要按照他的想法去進行」的行為。比如，媽媽的包包只能媽媽拿，爸爸拿了寶寶就會鬧；小汽車玩完一定要放回固定的箱子裡；電梯只能寶寶按，其他人不能按等。

這其實是在發展孩子的內在規則和秩序感。如果我們抓住這個敏感期去培養孩子整理分類的習慣，真的是事半功倍。

4・感官精緻化敏感期（0～4歲）

這個階段是孩子感官功能發展的黃金期，包括視覺、聽覺、嗅覺、味覺、觸覺。所以要多帶孩子去運用這些感官的功能。

有些孩子不喜歡光腳踩在沙子裡，很重要的一個原因可能就是父母很少讓孩子去體驗沙子的粗糙觸感。

5・細微事物敏感期（1～3歲）

這個階段的孩子會沉迷對細微事物的觀察，比如觀察小螞蟻、繪本上的細節、用手指拿起媽媽掉在地上的頭髮等。

如果我們能夠抓住這個敏感期，那麼孩子對細小事物的觀察能力會再上很大一個臺階。不要小看這個能力，很多孩子上了小學之後，做作業總是漏題、看錯題、經常找文具，其實就

是這項能力太欠缺。

6・社會行為敏感期（2.5 ～ 6 歲）

如果父母希望自己的孩子成為一個擁有高社交能力的孩子，那麼一定要抓住社會行為敏感期，去發展孩子的合作能力、解決衝突的能力以及溝通能力。

在這期間，多給孩子創造同伴社交的機會，並且給孩子一定的空間自己去解決問題。

綜上，如果你能抓住孩子這三個學習的最佳時機，你會發現，養育孩子會變得特別輕鬆、從容，再也不會總被問題追著走了。

深度陪伴工具

抓住孩子學習的最佳時機

學習是有最佳時機的，抓住這些最佳時機，父母和孩子都會很輕鬆。

1・抓住孩子每個階段的成長重點。

2・抓住孩子的「哇」時刻。

3・抓住孩子的敏感期。

培養孩子的多元能力是深度陪伴 RAP 養育法的最後一環，

孩子的多元能力培養和行為之間的關係，就像廚師的廚藝和美味佳餚之間的關係。廚師的廚藝越好，做出來的飯菜就會越好吃。如果廚師的廚藝不行，就算有很好的食材，最後做出來的飯菜味道也可能會大打折扣。

同樣，如果父母只是跟孩子構建了親密牢固的關係，培養了孩子學習的內在驅動力，但是忽略了多元能力的培養，最後孩子仍然可能會出現能力不足、學習不好的情況。

所以，對孩子多元能力的培養同樣不容忽視。

提升孩子多元能力的三大祕訣——聚焦優勢、搭建鷹架、順勢而為，以及對應的 10 個深度陪伴工具需要反復練習，以說明孩子成為具備多元能力的人。

後　記

深度陪伴 RAP 養育法，
父母成為更好的自己

深度陪伴 RAP 養育法，讓父母與孩子雙向滋養

2018 年，我的第一本書《深度陪伴》出版時，我曾認為，我一直在「深度陪伴」我的孩子長大。五年後的今天，我才意識到，我的孩子也在「深度陪伴」我再次成長。

小時候的我，覺得父母不愛我，所以內心非常缺愛，而現在的我，不僅在陪伴孩子成長的過程中療癒了內在愛的匱乏，還有能力把更多的愛給到我的讀者們。

在生孩子之前，我是一個脾氣特別暴躁的人。那時候的我，跟樂爸發生衝突後，會情緒內耗好幾天都無法恢復正常的工作和生活節奏；樂樂很小的時候，我也會經常忍不住對他大吼大叫。但是現在的我，不僅情緒變得越來越平和，就連本來特別快的語速都不知不覺變慢了，甚至很多讀者以為我天生很耐心、很溫和。

在老大樂樂 2 歲之前，我在全球第三大的遊戲公司Ubisoft(育碧) 成都工作了很多年，每天過著朝八晚五的穩

定生活。那個時候的我，沒有什麼喜好，也沒有夢想，對工作也談不上喜歡，每天下班後最喜歡做的事情就是逛街購物或者上網追劇。但是現在的我，不僅在陪伴孩子成長的過程中找到了自己熱愛的育兒事業，還找到了人生意義和使命，以及畢生要做的事情——讓中國千萬家庭都能因為深度陪伴而受益，讓這些家庭裡的媽媽在被支持和陪伴的環境中去深度陪伴孩子長大，並且在這個過程中，讓自己和孩子都得到愛的滋養。

如果媽媽在養育孩子的過程中，體驗到的只有勞累、辛苦、不被理解、不被支持，無休無止地被消耗，我相信沒有任何一位媽媽有信心堅持下去。但是如果媽媽在養育孩子的過程中，不僅能體驗到養育孩子的快樂、輕鬆，自己還能被反向滋養，我相信沒有任何一位媽媽會抱怨，媽媽的情緒也會變得更加穩定和積極。

媽媽的情緒好了，在夫妻相處的過程中，才會有更多耐心去調動爸爸參與有效陪伴的內在驅動力，還能幫助爸爸增進跟孩子的親子關係，提升爸爸陪伴孩子的多元能力。在這幾個方面，深度陪伴 RAP 養育法同樣適用。

在深度陪伴的家庭裡，是以媽媽為中心的，媽媽變得更好了，孩子一定會變得更好，爸爸自然也會慢慢跟上，變得更好，整個家庭氛圍就會更加和諧。

所以，不論你現在養育孩子感覺多辛苦、多累，不論你遇到的養育問題有多少，不論你多麼容易情緒失控、對孩子大吼大叫，不論你多麼不被丈夫理解和認可，不論你和公婆的隔代養育理念差異有多大，只要從今天開始，用心去踐行深度陪伴 RAP 養育法，你就會慢慢體驗到我體驗過的「人生第二次成長」

帶來的「反向滋養」。

　　不要浪費你的痛苦和迷茫，讓它們借由「深度陪伴 RAP 養育法」，變成你成長的契機，賦能你成為更好的自己。

深度陪伴 RAP 養育法，每位父母都能輕鬆做到

　　從 2016 年開始，我堅持在微信公眾號「宣揚深度陪伴」寫原創育兒文章，三年時間，創作了上百萬字。

　　「學完深度陪伴，讓我感到心中有方向，腦中有理論，手上有資源，育兒有路線。」

　　「我閱讀的第一本育兒書就是張楊老師的《深度陪伴》，後來也陸續閱讀了一些其他的育兒書籍，相比之下，我更喜歡張楊老師書中的理念。」

　　「平時我讀一本育兒書少則半個月，多則無期限，而《深度陪伴》這本書全都是一個個溫暖的小故事，特別觸動我，所以讀起來也特別輕鬆，兩三天我就全部讀完了。」

　　「在書中，張楊老師講的大都是自己的經歷、心得和體會，讓我感覺這個孩子就在我的身邊，所發生的事情就跟我親自看到和經歷的一樣。」

　　「我自己對心理層面也很重視，但是全職帶小孩子這幾年有點崩潰，就把很多專業的東西都遺忘了，看了張楊老師的書不知不覺又拾起很多。」

這些讀者媽媽們的回饋和認可，也是我十年如一日源源不斷筆耕原創育兒文章、不追只受到人們關注的事情、只輸出有價值的內容的動力。

又經過五年深度陪伴的踐行，以及對大量學員的深度陪伴，才沉澱了深度陪伴 RAP 養育法的整個體系，才有了現在的這本書——《深度陪伴 RAP 養育法》。

現在的父母們，可以從網路上輕鬆獲取很多育兒資訊，可是不論是文章、影片，還是語音，大部分資訊都太碎片化。

有的人會告訴你，不要讓孩子學那麼多知識性的東西，就讓孩子每天玩，開心地玩，帶他到處去玩就可以了。有的人會說，不要天天管孩子，要讓孩子每天自由成長，完全放養；還有的人會告訴你，歐美國家的精英家庭，都是給孩子補課的，人家的孩子一天安排得可滿了，不能讓孩子輸在起跑點是對的。

當你不懂底層邏輯的時候，聽到 A 觀點覺得好像很有道理，聽到 B 觀點也覺得很有道理，聽到 C 觀點依然覺得很有道理。每個人都講得很有道理，但是可能 A 觀點和 B 觀點是矛盾的，B 觀點和 C 觀點是矛盾的，A 觀點和 C 觀點也是矛盾的。

到底哪個觀點是對的？父母到底應該如何做？

答案是，父母要學習家庭教育的系統性知識和共同邏輯。

共同邏輯是什麼？共同邏輯就是教育裡面那些不能變的東西。舉個例子，到底應該給不給孩子更大的自主權，這是方法論，其實皆可，依孩子而定。但是不論是給不給，最後都離不開一個共同邏輯，那就是孩子能不能感受到父母對他的愛？孩子有沒有安全感？孩子的內心是不是富足的？給不給自主權，都沒關係，父母只需要去看哪一種方式更輕鬆，孩子更容易接

受，並且又能滿足剛才我們說的共同邏輯。

　　什麼是系統性知識？系統性知識就是把教育當成一個系統來進行。如果今天孩子做作業拖拖拉拉，就想學習如何讓他不拖拉，這叫碎片化學習。因為父母只看到了孩子拖拉這一個點，但是沒有看到孩子的學習系統是怎麼運行的。有的父母可能會為了解決孩子拖拉的問題，在孩子做作業時守在他的旁邊，讓孩子必須按照自己的要求做，不能摳橡皮、不能走神，雖然看似盯著孩子把問題解決了，但是可能影響了孩子學習內在驅動力整個系統的建立，最後可能傷害到了更重要的東西。

　　這就是系統性學習和片面性、碎片化學習的區別。父母永遠要把對孩子的養育當成一個系統，而不要只看某一個點。

　　在本書裡，深度陪伴 RAP 養育法講的全部都是系統性知識和家庭教育的底層邏輯，讓每位父母在陪伴孩子的過程中，不再輕易被碎片化的方法論所帶偏，不再因為別人的某個育兒觀點而焦慮，面對各種各樣的育兒方法時不再眼花繚亂，而是能夠從容地、自信地形成一套屬於自己孩子的陪伴方案，既滋養孩子，也滋養自己。

　　也許讀完這本書，正是實踐深度陪伴的開始。跟我一起，正式開啟深度陪伴 RAP 養育法行動之旅吧！

國家圖書館出版品預行編目(CIP)資料

陪孩子長大：36個RAP深度陪伴工具成為更好的父母/張楊著. -- 初版
. -- 臺北市 : 笛藤出版, 2024.10
　　面；　公分
ISBN 978-957-710-934-7(平裝)
1.CST: 親子關係 2.CST: 子女教育 3.CST: 親職教育

528.2　　　　113014313

陪孩子長大 36個RAP深度陪伴工具成為更好的父母

2024年10月27日　初版第1刷　定價390元

著　　　者	張 楊(Maggie)
總 編 輯	洪季楨
編　　　輯	葉雯婷
封面設計	王舒玗
編輯企劃	笛藤出版
發 行 所	八方出版股份有限公司
發 行 人	林建仲
地　　　址	新北市新店區寶橋路235巷6弄6號4樓
電　　　話	(02) 2777-3682
傳　　　真	(02) 2777-3672
總 經 銷	聯合發行股份有限公司
地　　　址	新北市新店區寶橋路235巷6弄6號2樓
電　　　話	(02) 2917-8022・(02) 2917-8042
製 版 廠	造極彩色印刷製版股份有限公司
地　　　址	新北市中和區中山路二段380巷7號1樓
電　　　話	(02) 2240-0333・(02) 2248-3904
印 刷 廠	皇甫彩藝印刷股份有限公司
地　　　址	新北市中和區中正路988巷10號
電　　　話	(02) 3234-5871
郵撥帳戶	八方出版股份有限公司
郵撥帳號	19809050

◆本書由機械工業出版社有限公司獨家授權中文繁體字版本之出版發行◆